Another Side of Europe

国境を越える旅

西ヨーロッパ

文・写真 内田正浩

Masahiro Uchida M.D.,Ph.D.

元就出版社

シャトー・ネアカン（オランダ・マーストリヒト郊外）

オランダ＝ベルギー国境にあるミシュラン一つ星の古城レストラン。

ベルギーがオランダから独立する際に、どういうわけかこの城館までがオランダ領、その外側はベルギー領となった。そのため、この城館の城壁がオランダとベルギーの境界線となっている。周囲にはヨーロッパの豊かな田園地帯の風景が一望のもとに広がっており、建物から手を伸ばせば、オランダにいるのに、その手はベルギーにあるという面白い体験もできる。

シャトー・ネアカンの地下には、古代ローマ時代に石を切り出すために造られた洞窟があり、現在ではワインセラーとして使用され、八千本ものワインが貯蔵されている。

1991年にマーストリヒト条約を協議するためにヨーロッパ各国首脳がマーストリヒトに集まった際、このレストランでベアトリクス女王と各国首脳の晩餐会が行なわれた。シャトー・ネアカンのワインセラーの入り口には、その晩餐会に出席したベアトリクス女王と各国首脳のサインの寄せ書きが、そのときの記念として掲げられている。

Another Side of Europe

by

Masahiro Uchida M.D.,Ph.D.

Published by Genshu Shuppansha Co. Ltd.,Tokyo in 2003

Printed in Japan

「何をしたら良いか、人生の目的がわからないと言う人がいる。
それならば生涯にわたって探し続ければよい。『人生の目的は何か』を問い続けることが、人生の目的になったのだから」

ある哲学者の言葉より

はじめに

思えば私とヨーロッパの関係は、もうすぐ三十年にもなろうか。私の初めてのヨーロッパ体験は、親元を離れてスイスにある私立寄宿舎学校に滞在することから始まった。十歳の少年だった私は、羽田国際空港（成田ではなく）からKLMオランダ航空で、生まれて初めてヨーロッパの土を踏んだ。たとえ夏休みの間だけとはいえ、見知らぬ外国の寄宿舎での生活は、ホームシックにかかったりもしたが、今から考えればとても貴重な経験だった。

とりわけ印象に残っているのは、スイス・イタリア間を列車に乗って旅行したことである。島国の日本では、列車に乗って他の国に行くことはありえないので、小さいながらも国境を越える旅に心がときめいたものだ。そのとき、ヨーロッパは地続きであるということを実感し、物理的には簡単に隣の国に行けるということを非常に面白いと思った。逆に、同じヨーロッパなのに、国境を越えると微妙に町のたたずまいや人々の振る舞いが異なるということも印象的であった。

やがて月日は流れ、かつての少年は医学部を卒業して医師となり、大学院を修了して医学博士となった。私が母校の大学病院に勤務していると、オランダの国立リンブルグ大学医学部・マーストリヒトアカデミー病院に留学しないかという話が持ち込まれた。

当時の私にはアメリカの医学部に留学するという話も並行してあったのに、私が結局、オランダ行きを選択したのは、小さい頃にヨーロッパに滞在したことが印象深い思い出になっていたことも理由の一つに挙げられる。

しかし、私が小学生のときに初めて訪れたオランダの印象の中で記憶に残るものは、典型的な風車の並ぶ村と、当時でも有数の規模を誇ったスキポール空港の壮大さくらいのものであり、私にとってオランダという国は、依然として未知の国であることに変わりはなかった。

私が住むことになったのはオランダのマーストリヒトという町だが、そこからベルギー国境まではたった二キロ、ドイツ国境までは三十キロである。高速道路を一時間半も走れば、フランス国境に到達してしまう。さらにマーストリヒトから車で約一時間のところにある国際的なハブ（HUB）空港の一つであるザベンタム空港（ベルギー・ブルッセル近郊）からは飛行機で一―二時間もあれば、他のヨーロッパの主要都市に行くことができる。

私が留学していたのは、一九九六年から一九九七年という限定した期間ではあったが、ちょうどその頃、ヨーロッパではマーストリヒト条約が発効して三年が経った頃だった。マーストリヒト条約とは、ヨーロッパ連合の国境を相互に開放するという画期的な条約で、私の留学したマーストリヒトに欧州各国の首脳が集まって、条約の合意をしたために、その条約にマーストリヒトという名前が付けられたのである。

私がマーストリヒトに留学したのは、それまで各国の国境にあった検問やパスポートチェックが廃止され、旅行者は各国の国境間を自由に往来できるという、世界史的にも例のない条約の施行が開始されてまもない時期であったのである。

この変化は、私が小学校や中学校の頃にスイスに滞在していて、そこから他のヨーロッパ諸国に行くときは、必ずパスポートチェックを受けていた煩わしさを考えると、劇的なものであったといえる。

　オランダ留学当時の私は、平日には医学の研究をし、毎週末には飛行機や自動車や電車を駆使して、積極的にヨーロッパ各地を訪ね歩いた。振り返ってみると私の旅は、マーストリヒト条約によるヨーロッパ国境開放の恩恵や、マーストリヒトそのものの立地条件の良さもあり、むしろオランダ国内よりも国境を越えて他の国に行くことが多くなった（もちろんオランダ国内も相当に旅行している）。

　本書「国境を越える旅　西ヨーロッパ」と、その姉妹篇「国境を越える旅　イギリスと中央ヨーロッパ（近日刊行予定）」は、このようにして私がヨーロッパ各地の国境を越えて訪ね歩いた経験をもとに書かれたものであり、従来の紀行文にはない独自の観点から、ヨーロッパの国境を越える旅をしてみたい読者のガイドブックとして充分役立つように作られている。

　本書「国境を越える旅　西ヨーロッパ」では、ヨーロッパ各国の中からオランダ、ベルギー、ルクセンブルグのベネルクス三国を始め、フランス、イタリア、スイスの旅に関して一巻にまとめた。いずれの章も、「国境を越える旅」の特徴や魅力を浮き彫りにするような観点から執筆してある。

また、巻末には付録1として「私の訪れたミシュラン星付きレストラン」を収録した。これは有名な「ミシュラン」のガイドブックで評価(一つ星から三つ星まで)された レストランについて簡単に紹介し、私自身の評価とコメントを記したものである。この章は、ヨーロッパを訪れたときに行ってみたいレストランをリストアップするのにも利用できると思う。

さらに、付録2として、本編に紹介しきれなかった町も含めて、私が訪れた全ての町をリストアップして簡単なコメントを記した。あまり有名ではない町でも、訪れてみるとなんだか妙に相性のいいところもあるのである。このコメントが、読者の方の今後のヨーロッパ旅行の参考になれば幸いであるし、読者が訪れたことのある町に関しては、私の評価と読者自身の評価がどのように異なるのか、比較してみるのもいいと思う。

この本がヨーロッパをもっと深く知りたい人や、あるいは個性的なヨーロッパの旅をしたい人のためのガイドブックとして少しでもお役に立つことが出来たとしたなら、私としてはとても嬉しい。

そして、あなたも是非「国境を越える旅」をしてみてほしい。国境を越えることで、初めて分かること、気が付くことも多いのであるから。

国境を越える旅〈西ヨーロッパ〉——目次

国境を越える旅〈西ヨーロッパ〉

誰も書かなかったヨーロッパ紀行ガイド

【オランダ篇】
第一話「オランダ最古の都市」――マーストリヒト

マーストリヒトへ向かう

一九九六年の初夏、私は医学の研究をするためにオランダに留学することになった。行き先はオランダ・マーストリヒトにあるオランダ国立リンブルグ大学医学部マーストリヒト記念病院（AZM）である。

「よし、蘭学を勉強するぞ！」と、意気込みだけは杉田玄白（解体新書を著わした江戸時代の医師）とか福沢諭吉（慶應義塾の創立者）にも劣らない気持ちでマーストリヒトの空港に到着したのは、その年の初夏のことだった。空港にはナイト（騎士）の称号を持つ外科のG教授を始め、スタッフが何人か私を出迎えてくれた。

初めてお会いしたG教授は、大柄でお腹の出た老人という印象で、満面に笑みをたたえつつも眼光は鋭いのが私にはとくに印象的であった。G教授と握手をすると、野球のグローブをちょっと小さくしたような手で驚いた。あとになってG教授は、実際には見かけよりも若いということがわかった。

その後一年以上にわたり、このマーストリヒトという中世の面影を強く残す町に住み、日本に帰国した今では、その頃の体験がとても貴重なものとなっている。古代ローマ時代に起源を持ち、「オランダ最古の都市」とよばれるマーストリヒトの見所は非常に多い。

このマーストリヒトで、一九九一年十二月に欧州理事会が開かれ、翌一九九二年、EU統合を決定した「マーストリヒト条約」が調印され、一九九三年には発効して加盟国の国境が開放された。ちょうど私は、このマーストリヒト条約が発効し、ヨーロッパ各国間の国境が開放されてから三年といういいタイミングで、マーストリヒトに留学することになったのである。

マーストリヒト条約

マーストリヒト郊外に、「シャトー・ネアカン」というレストランがある。シャトーは「城」という意味で、このレストランはいわゆる古城レストランである。オランダからベルギーが独立するときに、どういうわけか城の部分はオランダ領、城の領地はベルギー領になってしまった。したがって、この城の城壁がすなわちオランダ＝ベルギー国境になる。

マーストリヒト周辺図

マーストリヒト条約の内容を協議するための一九九一年の欧州理事会の時に、このレストランにEC各国の首脳が集まって晩餐会が開かれた。今でも地下のワイン貯蔵庫の壁には、イギリスのメージャー首相を始め、晩餐会に出席した当時のEC首脳のサインを見ることが出来る。

シャトー・ネアカンは絶好のロケーションで、私も三回ほどこのミシュラ

国立リンブルグ大学医学部（マーストリヒト）

ン一つ星のレストランで食事をしたことがあるが、ベランダから見える田園風景はとても素晴らしいし、料理の方もグルメの町として知られるマーストリヒトのレストランの中でももっとも楽しめると思っている。

両親と弟が日本から遊びに来たときに家族みんなでシャトー・ネアカンで食事をしていると、我々の予定を人づてに聞いたG教授が、わざわざレストランに会いに来てくれた。家族は皆、G教授の行動力と人情に感心していた。予想外のことで、私も大変うれしかった。

ところで、このマーストリヒトの地で欧州議会が開催され、EU統合のプロセスが決められたということは、歴史的にも大変意義のあることである。第一に条約そのものの重要性である。マース

シャトー・ネアカン（マーストリヒト郊外）。ミシュラン一つ星のレストラン

トリヒト条約は、EC（ヨーロッパ共同体）をEU（ヨーロッパ連合）に発展させ、加盟国の通貨の統合と、国境の開放を謳った条約である。結局のところ、国家の要諦とは、経済と外交であるから、もし通貨を統合して外交政策を一体化すれば、それはほとんどEU加盟国は連邦国家になったのと同様の意味をもつ。

もしこれがうまくいったら、マーストリヒト条約によって、ヨーロッパ史上（いや世界史上）初めて、平和的にヨーロッパという地域を統合することに各国が同意したことになる。過去の歴史を振り返ってみると、ヨーロッパは一度も平和的に統合されたことはない。ナポレオンもナチスドイツも、みな武力、軍事力を背景に統合を試みたのである。しかもそれはうまくいか

シント・セルファース橋（マーストリヒト）。オランダ最古の橋である

なかった。

第二に、マーストリヒトの地そのものが、戦乱に明け暮れたヨーロッパの縮図のような都市だからである。

マーストリヒトという名前の由来は、ローマ時代にこの街が「トライェクタム・アド・モーザム（マース川の渡しという意味）」と呼ばれていたことに由来するという。地元の人は、マーストリヒトのことをメストレイヒともいう。マース川はフランスのアルデンヌ地方に源流があり、ベルギー、オランダを通って北海に注ぐ川である。

現在でもマーストリヒトには、シント・セルファース橋というオランダでもっとも古い橋がある。それだけ昔からマーストリヒトが交通の要所であるということを意味する。実はマーストリヒトは有史以来二十数回、外国勢力に占領されたこともあるほど重要な戦略拠点なのである。ナポレオンも、マーストリヒトを二回占領しているという。

このような歴史を持つ都市で、ヨーロッパの統合を決める条約が調印されたことは、とても意義のあることであると考える。

ヨーロッパの今までの歴史を振り返ってみれば、日本の平安時代のような平和を享受できた時代は皆無で、日本でいえばほとんどの時代が室町時代末期から戦国時代のような戦乱の連続である。

日本では、日本の領土は昔から日本の領土であるが、ヨーロッパの国では、領土とは取ったり取られたりの繰り返しである。例えばフランスのアルザス地方はドイツ領だったこともあったし、スペインからオランダが独立し、そのオランダからベルギーが独立するなどの複雑な例は枚挙に暇はない。

こういったヨーロッパの歴史を知るにつけ、「国家とは何か」「国民とは何か」ということをつい考えてしまうし、ヨーロッパ人は自分と同じアイデンティティとは何か、自分と違うアイデンティティとは何かを定義することを常に迫られているように思える。

「世界は一つ」と言うのは簡単だが、実際にはそううまくは行かないのは歴史が証明している。むしろ最近では、「世界を一つにする＝グローバリゼイション」を推し進めようとすればするほど「反グローバリズム」を唱える者が増えるという事実があり、それはグローバリゼイションを達成することが、実際には如何に困難で、絵に描いた餅のようなものであることを示す好例であろう。

ヨーロッパ人にとってのアイデンティティの問題は、「どこまでを自分と同じアイデンティティと認容するか」であると思われる。

例えばナポリに住むイタリア人の中には、「私はイタリア人ではない。ナポリ人だ」というものが少なからずいるというし、このような狭い共同体意識を持つ傾向は、ヨーロッパ各地に共通して認められる。イタリア北部の方でも、「レガ・ノルド（北部同盟）」というイタリア北部だけ独立国家になることを主張する政党があり、かなりの得票率があって、イタリア議会に議員も多数送り込んでいる。

また、アルザス地方の人々は、ドイツに属していたときはドイツ人だったが、フランスに属している現在はフランス人である。しかし、アルザス地方に住んでいる人々自身は、自分達のことを「アルザス語」を話す「アルザス人」と認識しているという。

マーストリヒト郊外の並木道

このように、国の中にさらに国境を作るような動きもあれば、「ヨーロッパは一つ」というまったく逆の方向性の動きもあり、その中で小異を捨て、大同団結しようと揺れ動いているのが現代ヨーロッパ人なのである。

フランス人にも金髪で青い目の人はいるし、ドイツ人にも髪が黒くて背が低い人もいる。肌の色、髪の色、目の色といったものだけでは、ヨーロッパのどこの国の人なのかを判別することは難しい。

しかしながら、ヨーロッパの人々は、文化・習俗・祖先・宗教に共通する部分があるので、結局最終的には「ヨーロッパは一つ」という連帯感を持つに至る雰囲気の醸成が出来たのではないかと思う。

マーストリヒトはオランダ領であるが、ベルギーの国境から二キロ、ドイツ国境から三十キロしか離れていない。マーストリヒト条約により、国境が開放されるまではそれぞれの国境には検問所があり、いちいち停まってパスポートを提示したり、税関に申告しなければならなかったという。一九九三年にマーストリヒト条約が発効すると、国境は開放され、EU域内での物資の移動もまったくスムースに行なわれるようになった。

私がマーストリヒトに滞在し始めたのは、マーストリヒト条約が発効して三年後だったが、高速道路で国境を通過する際もまったく減速することなく、時速百キロ以上のスピードで走り抜けることができた。航空機でもEU間の移動では、入国時も出国時もパスポートはちらっと見られるだけで、スタンプも押してくれない。今となっては当たり前のことかも知れないが、昔スイスに滞在していた頃と比べると、ずいぶん楽になったなという感想を持ったものだ。

マーストリヒト条約の恩恵は計り知れないが、EU市民の中で一番恩恵を感じることができたのは、マーストリヒトの住民かもしれない。いや、それ以上に恩恵をこうむったのは他ならぬ私であろう。

EU間の国境が開放されたおかげで、私は一週間に二回くらいはベルギーまで越境して買い物をしたり、食事をしたり、週末には自動車でフランス、ドイツくらいまでは遠出を楽しんだりすることが充分できたのだから。それどころか、夏のヨーロッパはとても日が長いので仕事を終えた夕方からオランダを出発して、ベルギーのアルデンヌ地方を見て回ったりすることが出来たくらいである。

オランダ最南端の街

マーストリヒトは、オランダ最南端の町である。オランダ南部はその地理的状況から、他の地域と比べて多少変わっているところが多い。マーストリヒトは、日本でいえば京都以上の歴史のある町であり、その歴史は古代ローマ時代、つまり二千年以上も前までさかのぼる。そのように古い歴史があるという点で、マーストリヒトと他のオランダの地域とは異なっている。

またマーストリヒト周辺と、その他のオランダでは宗教も違う。マーストリヒト周辺はカトリック地域であるが、オランダの大部分はプロテスタント地域なのである。また言葉に関しても、マーストリヒト周辺の人々が話すオランダ語は、他の地域のオランダ語と違って〝g〟の発音などを軽く発音する。

フライトホフからみた聖セルファース教会（中）と聖ヤンス教会（左）（マーストリヒト）

聖母教会広場のカフェ（マーストリヒト）

聖セルファース教会の後陣と
二本の尖塔（マーストリヒト）

日本人にとっては、オランダ北部の標準的なオランダ語より も、マーストリヒト周辺のオランダ語のほうがむしろ発音しやすい。これは私がマーストリヒトに住んでいたので、現地の発音の仕方に慣れたということもあるのだろうが、大方の日本人には、マーストリヒトのオランダ語のほうが、軽く発音すればいいので話しやすいと思われる。

また、私がオランダ語を習っていたH夫人によれば、この辺りと他のオランダ（例えばマーストリヒトより北部にあるホランド地方）では、人情も違うという。H夫人いわく、

「北の方では、近所の人に挨拶するとき、『おはようございます、buurman』という

逆光の聖母教会（マーストリヒト）

のよ。近所の人だから名前を知っているはずなのに、いつまでたってもbuurmanなのよ。この辺では知り合いに挨拶するときは、かならず『おはようございます、○○さん』というけどね」

buurmanとは、オランダ語で「隣人」のことである。つまり北部の人は、毎回「おはようございます、お隣りさん」と、名前を呼びかけずにいつまでも他人行儀で接する態度が、マーストリヒト周辺の人々にとっては気に入らないらしい。

またマーストリヒト周辺の人々に言わせると、マーストリヒトより北部にある地域、特にホランドといわれている地域（ハーグやロッテルダムなど）の人々は、「商売優先で儲《もう》かれば何でもいい」、あるいは「仕事以外に楽しみのない生活」というイメージがあるらしい。つまり北部の人々は、プロテスタント的な「勤勉」で「質素」を良しとする反面、南部の人間から見れば先に述べたような否定的イメージもあるようだ。

逆に北部の人間にいわせれば、「マーストリヒト？　うーん、あそこは確かにオランダには違いないけれど、色々な点で違うんだ（本当のオランダではないよ）」とか、「仕事よりも食事、余暇などの楽しみを重視して享楽的な傾向のある人々」という否定的なイメージもあれば、このマーストリヒト周辺にミシュラン星付きのレストランが集中していることから、「グルメの町」という評価もあるという。

これらの違いは、マーストリヒト周辺がカソリック地域であることもかなり関係があると思われる。実際に住んでみると、マーストリヒトはオランダというよりベルギーの方に、その風景も人々の習慣も近いような印象を受ける。

マーストリヒト周辺（リンブルグ地方）は、他のオランダの地域とはかなり地形が異なる。オランダの等高線入りの地形図を眺めると、国土の四分の一が海抜0メートル以下であり、オランダの正式名称がNederland（＝低い土地）であるのも納得できる。実際、オランダの大部分は北海道の平原のような極めて単調なまっ平らな地形であり、あまりにも単調すぎて自動車で走っていると、早々に飽きてしまうほどである。

しかし、マーストリヒト周辺は、オランダの一般的な景色とは違って、起伏のある丘陵地帯を主体とした田園風景であり、ドライブしていても見飽きることはない。

日本のような山あり谷ありの国から来ると、一般的なオランダの景色は、単調で物足りなく感じるが、唯一マーストリヒト周囲の景色は、遠くに丘陵地帯をともなう変化に富む田園地帯の風景を楽しむことが出来るので救われる思いである。オランダを離れてベルギー方面、特にアルデンヌ地方に行くと、日本の地形とそう変わらない丘陵地帯や森林をともなう山岳地帯があり、親しみを覚えるほどである。

オランダという国は、干拓によって人々が自らの住む土地を徐々につくりあげていったという歴史を持つ国である。干拓は、主として北海に面した遠浅の海岸で長い間かけて行なわれ、現在のオランダの国土の二十%は、干拓によって作り出されたものである。現在でも干拓事業は、オランダの最優先事業の一つであり、このままでいくとオランダの内海は全て陸地となり、将来のオランダの地図は現在とはまた違ったものになるだろうと思われる。

その長い間の努力を表わす言葉として、「世界は神様が造ったが、オランダはオランダ人が造った」というものがある。オランダのホランド地方（北海沿岸の地方）を

訪れると、道路より高い部分に運河が走っているのを見ることができ、その部分の土地は道路を含めて海抜以下であり、干拓によって作り出された地域であることがわかる。そのような低い土地を訪れると、先ほどの「世界は神様が造ったが、オランダはオランダ人が造った」という言葉に、にわかに説得力が出てくる。

それに対して、マーストリヒト自体は干拓によって生まれたのではなく、「神様が造った」土地（元から陸地だった場所）である。

ホランド地方の人々は、自分で自分の土地を作ったという自負があり、彼らから見ればマーストリヒト周辺の人々は、「神様から与えられた土地に住んでいる、努力をしない怠け者」と考えているのかもしれないし、干拓の努力をしなくても

城塞都市の名残りを留める城壁（マーストリヒト）

元々土地があり、耕作地の心配をしなくて済んだマーストリヒト周辺の人々のことを、実は内心うらやましく感じていてもおかしくはないと思う。

オランダのもっとも内陸部といえるマーストリヒト（もっとも近い海岸線からは約百キロ離れている）の標高が、大部分がせいぜい二十〜三十メートルというところであることを考えると、オランダの国土は、何て平坦なのだろうと思う。

フライトホフ（自由広場）

マーストリヒトには、フライトホフという広場がある。フライトホフとは「自由広場」という意味で、ここあたりが中世時代には教会の敷地内で、罪を犯したりして追われている人もここに逃げ込めば、治外法権のため罪を問われることはなかっ

カーニバル直前のカフェ（マーストリヒト）

たという由来がある。日本でも神社の境内は一種の治外法権という時代があったので興味深い。

フライトホフという地名は、ベルギーのフランドル地方にもあり、おそらくマーストリヒトのフライトホフと同じ由来を持つのであろう。

マーストリヒトのフライトホフは、歴史的には墓地だったこともあるようだが、現在は聖セルファース教会と聖ヤンス教会という二つの教会に面した石畳の広場となり、広場の地下は公共駐車場になっている。私もこの駐車場をよく利用していたが、昔墓地だったところを地下駐車場にするという感覚は、日本人にはわかりにくい。

現在のフライトホフ周囲にはカフェが建ち並び、近くには複数の商店街もあり、マーストリヒトでもっとも繁華な場所の一つである。

カーニバル直前のカフェ（マーストリヒト）

オランダのカフェは便利な物で、リクエストをすれば何でも作ってくれるように思える。季節によってはムール貝を注文すると、バケツに一杯出てくるので驚かされる。過ごしやすい季節には、テラスに座って何時間も過ごしていたいと思うほどである。実際に長く座っていると、知り合いの人が通りかかって声をかけられたりする。

寒い季節になると、テラスの椅子は片付けられ、室内のみとなる。冬のカフェは、外の寒さと室内の暖かさのコントラストで、カフェに入った瞬間、ほっとすることが出来る場所である。

聖母教会前の広場

聖母教会は、二本の尖塔と直立した外壁が特徴的なカトリックの教会である。教会前は広場にな

カーニバル直前の市街（マーストリヒト）

っていて、いくつかのカフェがあってとても賑わっている。聖母教会を見上げながら、このカフェでビールを飲めば、ヨーロッパに行き慣れている人もそうではない人も、きっと「ヨーロッパはいいなあ」と思うはずの場所のひとつである。

広場の一角には、雰囲気の良いホテル「デルロン」がある。「デルロン」の地下からは、古代ローマ時代の遺跡が出土しているので、この辺りがマーストリヒトの中でもっとも古い場所であることは間違いないと思われる。

マルクトの謎

ドイツ語、オランダ語、ベルギーのフラマン語圏には、「markt＝マルクト」という地名が町にかならずある。しかも町の中心地に近い場所、あるいはマルクトが町の中心そのものであることもある。Marktとは市場のことである。それで市場を見にマルクトに行っても、広場があるだけで市場はないことが多い。

ヨーロッパに来た当初は、これがちょっとした謎だったが、ほどなくその理由はわかった。普段はただの広場なのだが、決まった日（例えば金曜日）に市場が開かれるのである。たまたま市場の開かれる日に、マルクトに行けば市場が見られるが、それ以外の日はがらんとした広場があるに過ぎない。

マーストリヒトのマルクトは市庁舎の脇にあり、毎週金曜日にフィスマルクトが開かれる。これは魚介類の市場で、カトリックの決まりでは金曜日は肉を食べてはいけないということから、魚介類の市場が立つのである。マーストリヒトはカトリック地域なので、フィスマルクトはなかなかの賑わいをみせ、売り手はオランダ人ばかりではなく、ベルギーのフランス語地域からも来ているという。

オランダの独立最高峰

シント・ピータースベルクは、マーストリヒト郊外にある「丘」で、標高は百一メートルである。しかしながら、シント・ピータースベルクはオランダの独立最高峰である。日本の独立最高峰である富士山が三千メートルを大きく越えることを考えると、オランダという国の国土は、どんなに平坦かが良く判るというものである。マーストリヒトからシント・ピータースベルクの丘を登るのには、車で五分もあれば充分である。

丘の上からはマーストリヒトのシント・セルファース教会や、聖母教会、聖ヤンス教会の塔が見える。丘の上には駐車場とテニスコート、あとは広い芝生がある。日本人から見ると、標高百メートルちょっとのシント・ピータースベルクを山と呼ぶのはちょっと抵抗があると思うが、シント・ピータースベルクは、オランダでは立派な「山」であると認識されている。

オランダ人の間では、マーストリヒトの地形は他の地域のオランダの地形とは異なっていることはよく知られている。一度、マーストリヒトの大学病院で、マーストリヒトよりもっと北のオランダ（マーストリヒトが最南端だから当然だが）から来ている女性研究員と雑談しているときに、オランダ人の気候に関する考えを知る上で大変面白い話を聞いた。その女性研究員は、

「マーストリヒトには山があるから、ほかのオランダとは気候が違う」と言うのであ

る。その研究者がまじめな顔をしてそう言うので、私の方も、「ほう、そうか」と頷いて反論はしなかった。確かにマーストリヒト近郊には、シント・ピータースベルクという標高百一メートルの「山」があるし、マーストリヒトを含むリンブルグ地方はオランダでは珍しい丘陵地帯である。しかしながら、私自身はマーストリヒトとほかの地域のオランダの間に山があることによる気候の相違というものはとくに感じられなかった。

実際にオランダの気候を調べてみると、年間の平均気温は大体緯度に一致していて、北部は低く、南部のマーストリヒトは平均気温が高い。年間の降雪日数はアムステルダムが平均十日であるのに対して、マーストリヒトは十二日であり、マーストリヒトの方が南にある割には降雪日数がやや多いが、大きな違いではないと思われた。

夏の平均気温はおおむね北に行くほど低く、一番南にあるマーストリヒトの方が高い（マーストリヒトの夏の平均気温は約十七度）。一月の平均気温はおそらく暖流の影響だと思われるが、沿岸部は高く、内陸部及び高緯度では低くなる（マーストリヒトの一月の平均気温は約二度）。風は北海沿岸の方が強く、内陸部のマーストリヒトは弱い。夏の日照時間は北海沿岸の方が多く、内陸部のマーストリヒトの方が少ない（これは意外だった)。年間平均降雨量は、オランダ中部とマーストリヒトでは八百ミリ程度でほぼ同じである。

以上の結果から、平坦な地に住む大部分のオランダ人にとっては、たった標高百メートルちょっとの「山」の存在でも、気候が変わるように思えるのであろうが、検証してみると大部分の気象データは緯度の相違や、沿岸部か内陸部かという地理的関係に一致していて、標高の差で気候の差が生じるわけではないように思われた。

城塞都市の名残り

ヨーロッパの主な都市は基本的に「城塞都市」であるが、マーストリヒトにも、典型的な城塞都市の名残りがみられる。「城塞都市」とは、街の全体が城壁で守られていて、街ごと防衛できるよう設計されているということだ。つまり街全体が城の役割をしていたのである。今でもその名残りは随所で見ることが出来る。

このような「城塞都市」では、防衛上の理由もあって、道路はわざと分かりにくく作ってある。まず真っ直ぐの道というのはなく、走っていると、いつのまにか全然違うところに行ってしまうようになっている。

道を間違えたと気付いた時、その道をUターンしないとだめだ。一本右ないし左に曲がって目指す道と平行している道から、再度元の道に合流しようなんて考えると、その道は最初は確かにもとの道と平行しているように見えるが、次第にとんでもないところに行ってしまい、元の道に戻るのは不可能になってしまう。

そして、もし外国軍が進入してきたとしても、一つの街を攻略してからではないと、次の街を攻略することができない。例えばドイツ方面からオランダを侵略する場合、まずマーストリヒトを攻略し、マーストリヒトが陥落したら、その次の町の攻略をするのである。

ヨーロッパの街はどこでも大体そうだが、旧市街は小さくまとまっている。マーストリヒトは全周に城壁があり、内部に街の住民全員と兵士が暮らし、彼らを食べさせるための食料を入れた倉庫もある。街全体で外敵から身を守るようになっていたのである。現在でも城壁の一部は保存されている。

マーストリヒトの城壁の門の一つには、ヘルポールトという名がつけられている。ヘルは地獄、ポールトは門という意味であるから、地獄門という意味である。これは中世時代にヨーロッパでペストが流行したとき、ペストの犠牲者をこの門から外に出したからである。死んだものもこれから死んでいくものも、この門から外に出され、ヘルポールトの傍らにあるペストハウスという建物に収容された。

ペストハウスとは、その名のとおりペストの家という意味である。ペストによりヨーロッパの人口が急減した中世においては、ペストそのものが死の象徴であり、恐怖そのものであった。健康な人間を守るために、病人や死者を見捨てなくてはならない厳しい時代がヨーロッパにはあったのである。

さらにマーストリヒトの地下には、縦横に張りめぐらされた地下洞窟があり、その総延長は何十キロにも及ぶ。この地下通路を通じて、地上で孤立した部分への連絡も可能だし、例え地上が占領されても、地下に潜伏して生活することができる。私も一回、その地下洞窟を見学するガイドツアーに参加したことがあるが、普段住んでいる町の地下が縦横に洞窟で結ばれているということに驚きを禁じえなかった。

ガイドがここは火を焚いたところ、ここは牛を飼っていたところなどと説明し、入ったところとは違う穴から出てみると、予想もつかない場所に出てくることがわかったりして面白い経験をした。マーストリヒトの地下通路は、数キロ離れた郊外にまで到達しており、市内が外国軍により封鎖されていても、外部との連絡や食料の調達が可能だったといわれる。

ナチスドイツによりオランダが占領されていた時代には、レンブラントの有名な作品「夜警」は、マーストリヒト郊外のシント・ピータースベルクという丘の下にある人工洞窟に隠されていたという。もちろん、ナチスドイツの略奪から国の宝ともいえるレンブラントの傑作を守るためである。現在「夜警」は、アムステルダム国立美術館で見学することができる。

このエピソードは、日本の江戸城の井戸が実は秘密の地下通路になっていたという説に少し似ていて興味深い。日本でもヨーロッパでも、中世の時代は城の攻略が戦争の基本だったので、同じような発想があったのかもしれない。ただ日本ではあくまで城そのものが拠点だったが、ヨーロッパでは街全体を要塞化して守るという発想の違いがある。

この街に住んでいると、時々空からとんでもない轟音が聞こえてきて、最初は腰を抜かすほどびっくりした。ジェット戦闘機の轟音なのであるが、「ゴーッ」というより「ドカーン」という音である。ジェット戦闘機が低空飛行すると、ああいう音になるということをヨーロッパに来て始めて知った。最初は冗談ではなく、第三次世界大戦でも始まったのではないかと思った。実際は、当時紛争のあったユーゴスラビアに出撃していたらしい。

この街の郊外というより、旧市街の隣りにはNATO軍の基地がある。開放的なオランダであるが、さすがにここだけは鉄条網によって隔離されている。NATO軍の基地であるので、オランダ軍ばかりではなく同盟国であるアメリカ軍も駐留している。

マーストリヒトの冬

クリスマス休暇からマーストリヒトに帰ってくると、駐車場に停めておいた自分の車が雪に埋まっていたのでびっくりした。私がマーストリヒトを離れている間に、かなりの降雪があったようだ。聞くところによると、ちょうどクリスマスから年末にかけてヨーロッパ全体に寒波が到来し、このあたりでは雪が降り続き、マーストリヒト・アーヘン空港のあたりは氷点下十五度まで気温が下がったという。

私がクリスマス前にオランダを発つときは、抜けるような青空が広がっており、アムステルダムでは日中の最高気温がマイナス五度という日があり、寒波が刻々と迫ってくるのを予感させたが、その後、ヨーロッパには本格的に寒波が襲来したのであろう。

自分の車のフロントガラスを見てみると、氷が張っている。ウォッシャー液を噴射して溶かそうと思ったが、噴射したそばからウォッシャー液が凍っていき、見る見る氷が厚くなって、見た目にも大変なことになってしまった。ためしにお湯をかけてみたら、フロントの氷は溶け始めたが、溶けた氷はいったん水になり流れていき、ふたたび凍りはじめていた。外気温が大幅に0℃を下回っているときはこうなってしまう。それでもお湯をかけたところは氷が溶けたので、当面の視界は確保できた。

冬、こんなに寒い場所になぜこんなに人が住んでいるのだろうと一瞬思ったが、厳しい自然があるからこそ人々はそれに備え、その結果、オランダ人のような勤勉な国民性が生まれたのであろう。

大学病院までの通いなれた道路を、おそるおそる走ってみる。一部に凍結している場所があったものの、路面は意外なほど除雪されていて、思ったほど心配はなかった。いつも車を停める大学職員用の駐車場に入ると、駐車場も大部分は除雪され、駐車場の脇には、除雪された雪が小山のようになっていた。

外気温が氷点下だからだろうが、車の上に積もった雪は、いっこうに溶ける気配はなかった。外気温が上がらないためらしい。雪が降り続いたりしていて、新たに積もっているのならともかく、もう雪が降っていないにもかかわらず、雪が車の上からなくなるまでに結局、何日もかかった。何回か車に乗るたびに少しずつ車の上の雪を手で掻き落としていたので、それでもいつのまにか雪はなくなった。

日本ではこういう、いつまでたっても車上の雪が消えないという経験はしたことがなかった。日本では雪の次の日は、建物の屋根に積もった雪が解けて雨樋を伝う音が騒がしいが、オランダでは雨樋を伝う雪解け水の音も少なく、積もった雪は、乾きった大気中に昇華していくのではないかとさえ思った。

マーストリヒトのカーニバル

マーストリヒトのカーニバルは盛大なことで有名である。カーニバルとは謝肉祭ともいわれるが、Caro Vale、もしくはCarnem Levere（いずれも肉を断つという意味）が語源であるといわれ、もともとはキリスト教とは関係のないものである。

キリスト教布教以前からヨーロッパで行なわれていたお祭りを、ローマ・カトリックが取り入れて現在の形になったといわれている。カトリックの国々では、中世頃から肉食を禁じた四旬節に入る前に、酒宴を開いて思いっきり乱痴気騒ぎを行なう習慣があったのだ。

現在のカーニバルは復活祭（イースター）の約一ヵ月半くらい前の二月頃に行なわれる。カーニバルは時代が下るにつれて、次第にその趣旨が市民の馬鹿騒ぎ、無礼講の行事として各地の都市で行なわれるようになっていった。オランダでは、マーストリヒト以外にもファルケンブルグのカーニバルも有名である。これらの都市は、いずれもカトリック地域である。

カーニバルは、一年でもっとも寒い時期に行なわれる熱い祭りである。まずカーニバルの前には、市内のカフェやレストランに色とりどりの飾り付けが行なわれる。冬枯れの町に原色の飾り付けが行なわれ、町の雰囲気が只ならなくなってくる。冬の間は寒いので、人々はたいてい屋内でビールを飲んだり、コーヒーを飲んだりしているわけだが、カーニバルの時期になると、カフェに入りきれない人々が寒い屋外で鈴なりになって、ビールを飲んで談笑を始める。

実際にカーニバルが始まると、町々には独特の音楽が鳴り響き、町の人々は大人も子供もそれぞれが仮装して町を練り歩く。顔に絵の具で綺麗な模様を描いたり、ピエロのようなメイクにしたりしている。頭には原色に染色した鳥の羽をつけたり、色とりどりのレースを被《かぶ》ったりしている。

イタリア・ベネチアのカーニバルとは違って、仮面を着けている人はほとんどいない。私が見たのでは動物に仮装している人が多かったが、年により仮装の内容に流行があるらしい。十代の女の子や男の子たちも、照れることなく自分なりのフェイスペインティングを施して、コスチュームも自分なりに工夫したのを着ている。

町を練り歩いている人々の大半が仮装しているので、仮装していないと、逆に肩身が狭いような気がするほどである。普段抑制の効いた大人のオランダ人を見ていると、カーニバルのときのオランダ人の振る舞いを見て、これが同じオランダ人なのかと不思議に思うほどであった。

【オランダ篇】
第二話「普段着のヨーロッパ」——マーストリヒトほか

私にとってヨーロッパでの日常的な買い物は楽しみの一つであり、異国をよく知るという意味でも興味深いものであった。この章では私が通い慣れていたマーストリヒトやリエージュ（ベルギー）のスーパーマーケットからみた「ヨーロッパ人の生活」について述べる。

カートの大きさ

ヨーロッパのスーパーマーケットに行って、最初に気が付いたのは、建物に二階がないということである。移動の便宜を図るためか、建物は一階建てで、その代わりに敷地や駐車場がとても広い。

次に気が付いたのは、買い物用のカートが日本の物に比較してかなり大きいということである。また大部分の人が手提げのかごではなく、台車のついたカートを使っている。

それらのカートは誰でも使えるように、駐車場の一角に重ねて錠をかけて置かれている。カートを使うにはその国の硬貨（オランダなら一ギルダー、ベルギーなら五ベルギーフラン、今は五十セント・ユーロだという）を所定の部分に入れる。そうすると錠が外れて、カートがはずせるようになっている。

買い物が終わり、カートを使用し終わったら、また元の場所に持っていく。そして錠をすると、硬貨が戻るようになっている。これはなかなかグッドアイデアであると思う。日本円でいえば百円以下とはいえ、硬貨が戻ってくるならばまた元の位置に戻す習慣ができるだろう。

もちろんお金が惜しくなければ、その辺に置きっぱなしにする人もいるだろうが、それはそれでいいのである。誰か他の人がそのカートを定位置に持っていけば、小銭を稼ぐことが出来るわけである。

私も一ギルダーを入れてカートを使ってみた。

日本のスーパーマーケットにあるものとは違い、かなり大きいので、相当重い。カートを動かし始めるのにかなり力がいるが、いったん動き始めると、力はそんなにかからない。

しかし、動いているときでも方向を変えようとすると、またかなり力を必要とする。カートが大きいだけに腕で動かすというよりも、背筋力や腰を使って全身でカートを動かすという状態である。いったん動き出すと、止めるのも力が要る。

これを操るときには、物理で習った「慣性の法則」というのを思い出す。慣性の法則とは、簡単にいえば重量のあるものは動き出すときには力が必要だが、いったん動き始めると、今度は止めるのに力がかかるという法則である。大きなカートを押して思ったとおりの方向に行くのは、なかなか最初はコツがいる。たかがカートなのに、ちょっと大げさだがカートを「運転する」という感覚である。

ところで、自動車レースのF1（フォーミュラワン）やル・マン（二十四時間耐久レース）、あるいはラリーの世界選手権は、ヨーロッパ人ドライバーの独壇場といってもいい状態だが、なぜヨーロッパ人には優秀なドライバーが多いのだろうか。

もしかしたら、ヨーロッパ人はスーパーマーケットで少年の頃から大きなカートを操ることによって、運転感覚が鍛えられることも関係があるかもしれないし、あるいは、ヨーロッパには馬車の歴史が長く、乗り物を運転するということに関しての長く培われたセンスがあるからとも考えられる。

ヨーロッパのスーパーマーケットは時間がかかる

ヨーロッパのスーパーマーケットは時間がかかる。その一つの理由は店内が広いからであるが、もう一つの理由として、会計をするときに順番待ちの時間が長いということがある。

もし、五組くらい会計のところに列ができているとすると、自分に順番が回ってくるまで三十分くらい待つこともある。というのは買い物のカートが大きいことに加え、夫婦二人組で来ることが多く、それぞれが大きなカートに山盛りに食品を入れているのである。

カートの大きさが縦も横も日本のカートに比べて二倍あるので、積載できる量は面積ベースで二×二→四倍ということになる。実際はカートの深さも日本より大きいので、積載量は四倍以上であることは間違いない。しかし、それを運ぶ人間は四倍の体格はないので結構大変である。

また、会計をする方の係りの人も日本人みたいに事務的・能率的にてきぱきとやるのではなく、客と世間話をしながらゆっくりとやっている。そのために、日本ではとうてい考えられないほど時間がかかるのである。

「コラ」での出来事

リエージュは、ベルギーのワロン地方にあるフランス語圏の都市であるが、そこにフランス資本のスーパー・マーケットである「コラ（CORA）」がある。ここがまた巨大なスーパーマーケットなのである。

私の住んでいたオランダのマーストリヒトには、ブルッセルスポールトというショッピングセンターがあり、そこがオランダのリンブルグ地方では、最大のショッピングセンターであるといわれていたが、リエージュにある「コラ」はそれ以上の規模であった。

リエージュには、私の住んでいるマーストリヒトからは自動車で三十分ほどで行けるので、私は「コラ」に週一、二回くらいの頻度で買い物に行っていた。

一度こういうことがあった。「コラ」で、私がいつものようにレジに並んでいると、前に並んでいるベルギー人の女性がフランス語（リエージュはフランス語地域）で私に何かを話し掛けた。その女性は三十歳程度で髪は黒く、眼は茶色で、小さな子供二人と一緒に買い物に来ているようだった。ベルギー人の主婦である。

私はその女性の言っていることが分からないので、分からないと言う身振りをした。そうすると、彼女は私にあっちへ行けというポーズをする。そのポーズだけならば、人種差別ととられかねなかった。

しかし、彼女の顔をみると、そういう雰囲気で言っているのではなさそうだ。私は結局そのときは、とうとう彼女の意図するところがわからず、彼女もあきらめたようだった。それで、私はそのまま気長にその会計に並んで待っていた。後になって、その「コラでの出来事」は何だったんだろうと、たまには考えてみることがあったが分からなかった。

ずいぶん後になってから、「コラでの出来事」の理由が分かった。分かってみれば簡単なことなのだが、ヨーロッパのスーパーにはエクスプレスという特別なレジがあって、少ない品物のときはそこに優先的に並ぶことが出来たのである（「コラ」では品物が五個以内）。

私はそのとき、三、四個しか買い物がなかったのだが、ベルギー人の主婦は目ざとくそれを見つけて、私にエクスプレスのレジに並ぶようにアドバイスをしてくれたのである。

ヨーロッパに住んでいると、そういった基本的な親切心というものに出あって嬉しい思いをすることがある。日本の若い主婦が見知らぬ外国人（例えばイラン人）に、親切心から何かを自発的に教えてやるということがあるだろうか。そういう風に考えると、ヨーロッパ人というのは基本的に親切だなあと思うのである。

キリスト教の影響なのだろうか、あるいは外国人慣れしているからだろうか。いずれにせよ、そのとき親切にしてもらった外国人（例えば私）には、「親切にしてもらったな」という印象や記憶が残るのである。そういう経験が重なれば、その国の好感度は自然にアップしていくことだろう。

この「見知らぬ人にも親切なこと」は、ヨーロッパ人の美徳の一つであると思う。

スーパーマーケットを歩けば

オランダやドイツのスーパーマーケットに行くと、日本とは比べ物にならないくらい大きな肉売り場がある。肉に関しては牛、豚、羊をはじめとして、鳥やウサギに至るまで大変豊富である。逆に魚売り場は、日本とは比べ物にならないくらいスペースが小さい。

ヨーロッパのスーパーマーケットの魚売り場は、死んだ魚がごろんと転がしてあるだけというふうに見える。日本のスーパーマーケットでも陳列されている魚は、もちろん生きてはいないのであるが、整然と陳列してあるので、死んだ魚を並べているという印象は希薄である。

ヨーロッパの場合、水族館の水を抜いて魚がそのまま息絶えたような状態で、魚をポツンポツンと配列している。魚をディスプレィするという点では面白いが、とても食用に魚を展示してあるようにはみえない。

また、魚の鮮度の問題もある。日本で売られている魚は、ヨーロッパの魚と比較すると、ずっと鮮度が高い。ヨーロッパの魚は、「一体、いつから死んでいるの?」と聞きたくなるくらい鮮度が低く、まさに魚の死体といった感じなのだ。

私は多くの日本人と同様、魚を食べるのが好きで、日本にいるときにはスーパーで売っている魚を見て、「魚の死体」なんて感じることは絶対になかった。しかしヨーロッパ、特にゲルマン語圏のスーパーで鮮度の低い魚が陳列されているのを見て、初めてそういう違和感を覚えた。

また、ヨーロッパで売っている魚の缶詰も、ラベルはおいしそうな魚が印刷されているのだが、実際に食べてみるととっても生臭く、活きが悪い魚を缶詰にしているなあという印象である。

食べた直後は、もう魚の缶詰はヨーロッパでは買わないと決心するのだが、時間が経つと、また魚が食べたくなって、その決心が鈍ってしまう。そしてまた違う種類の魚の缶詰を試してみる気になり、結果として同じ失敗を繰り返し、とうとうオランダに住んでいる間は、おいしい魚の缶詰には巡り合うことが出来なかった。

試しに国境を越えて、ベルギーのスーパーマーケットで魚の缶詰を何種類か買ってみたが（オランダよりは若干生臭くなかったような気がしたものの）、満足できるものはなかった。どうしてこんなにヨーロッパの魚の缶詰は、おいしくないのであろうか。

私が思うに、魚を捕獲してから、缶詰化するまでの時間が異なるのではないかと思う。具体的には、日本の漁船は魚を捕獲してから缶詰にするまでが迅速なのに対し、ヨーロッパでは捕獲してから缶詰化するまでのプロセスをのんびりやっているのではないかと思う。その結果、魚の死後変化が進んでしまうのではないかと思われる。

ヨーロッパをよく知っている私の知人は、「北海で取れる魚は生臭いんだよ」といっていた。それも理由の一つかも知れないが、どうもそれだけではないような気がする。もし日本のマルハやあけぼの水産が同じ魚を缶詰にしたならば、北海で捕れた魚をもっと生臭くなく缶詰にすることが出来るのではないだろうか。

要するに、ヨーロッパ（特にゲルマン語圏）では、魚を食べるということが日本と比較して一般的ではないので、魚を缶詰にしたり、家庭で調理したりというノウハウが確立していないだと思う。

したがって、家庭でもレストランでも活きの良い魚を食べることが出来ず、魚はおいしくないということになり、それで魚を食べるということが一般に普及しないという、一種の悪循環があるのであろう。

オランダ人の好きなハリング

しかし、ゲルマン民族はなぜか「ハリング」という魚だけは嬉しそうに食べる。「ハリング」というのは鰊《にしん》のたぐいだが、日本の鰊とは違ってずいぶん小ぶりである。食べるときには、あらかじめ頭と小骨をはずして売られている。頭をはずして食べるばかりの状態で、身の部分の長さが十二センチから十五センチくらいである。

初夏になると酢漬けにしたり、オイル漬けにしたりした「ハリング」を街の屋台で売っているのを見かける。

オランダ人は、オイル漬けにした「ハリング」をそのまま尻尾を摑んで、上を向いて大きな口を開けておいしそうに食べたり、あるいは小さなパンに挟んでサンドイッチ風にして食べたりする。この「ハリング」は、おいしそうに食べるくせに、スーパーマーケットなどで陳列された魚を、顔をしかめて見ている（特に子供）ゲルマン民族の気持ちは日本人にはよく分からない。

私も「ハリング」を試してみたが、ちょっと油が乗りすぎている印象があり、一般的な日本人からみれば、「ハリング」はそんなにおいしいとはいえないと思う。

一方、ゲルマン民族に比べて、フランス語圏の人たちは比較的、魚も食べるようで、食材としての魚介類に対するスタンスも、比較的日本人に近いものを感じる。例えば牡蠣《かき》を生で食べることなどは、日本人の食習慣とよく合致していて、親しみやすいものがある。しかし、いかにフランス語圏の人々といえども、魚を日本人みたいに生で食べることはない。

一人暮らしには不便だが

マーストリヒトのスーパーマーケットを歩いていると、インスタントラーメンが売られているのを見つけた。しかも、漢字で「出前一丁」と書いてあった。これを見つけたときは、海外で中学校時代の友人に久しぶりに出会ったようなうれしさと驚きを感じた。

しかし、この「出前一丁」を買ってみると、この「出前一丁」は日本製ではないし、試しに作ってみると、味は日本の「出前一丁」と全然違う。スープは塩分が薄く甘い。麺は細く、食べた気がしない。久しぶりに中学時代の友人と出会ったと思ったら人違いだったような、がっかりした気持ちである。

要するに、ヨーロッパではラーメンというのはヌードル入りスープとして認識されているので、つまりこれはメインディッシュの前に味わうスープなのである。コンソメ味のヌードルを、日本のラーメンのつもりで食べたって美味《うま》いわけはない。

私の住んでいたオランダには、日本の至るところにみられるコンビニエンスストアというものはない。さらに、ヨーロッパのスーパーマーケットは原材料を売っているに過ぎない。肉は肉、野菜は野菜で豊富にあるが、それらを調理して売っていることは、日本と比較すると圧倒的に少ない。たとえあったとしても、それらは冷凍食品で、例えばグリンピースやコーンの水煮のように、料理を作るための材料にすぎない。

また、オランダではインドネシア料理（インドネシアはオランダの植民地だった）の、ナシゴレンというチャーハンのようなものがパックされて売っている。買ってみたが、実際に食べてみると、湿った色付きの五目ご飯といった感じで美味しくはなかった。

あるいは、オランダの家庭料理でヒュッツポットというぐちゃぐちゃにしたじゃがいもに、肉が入っている料理のパックなどもあるが、これもあまり美味しいとはいえない。パックされたナシゴレンやヒュッツポットの賞味期間は二週間もあったりして、一体どんな防腐剤が入っているのかと思ってしまう。それらのお惣菜は、緊急避難的な利用はできるかもしれないが、日常的に利用するには少々寂しすぎる。

せめて日本みたいにレトルトパックの食品があればいいのだが、オランダやベルギーでは、レトルトパックの食品は見当たらなかった。さらにオランダやベルギーのスーパーマーケットでは、電子レンジで加熱して食べられる一人用に包装された食料品といったものは見当たらない。したがって一人暮らしの人間、特に料理を自分で作らない人には、オランダやベルギーという国は不便なのだ。

それでは、ヨーロッパのスーパーマーケットの品揃えは、日本に比べて劣っていると結論づけていいのだろうか。それは全く違う。

まず、食料品自体が日本に比べて大変安い。小麦粉が一キロ二十円くらいである。牛肉もかなり安いし、豚肉と鳥肉は日本よりも安い。また日本ではあまり手に入らない新鮮な羊肉や、あるいはもし食べたければ、ウサギや鳩の肉などもリーズナブルな値段で手に入れることができる。

野菜は、日本のスーパーで売られているものよりも風味があってよい。季節によっては採れたてのブルーベリーが店頭に並んだり、採れたてのアスパラガスが並んだりする。それも素晴らしい鮮度のものを手に入れることができる。

私は日本に帰ってきた今でも、ヨーロッパのスーパーマーケットにあったような取れたてのブルーベリーを食べてみたいなと思うことがしばしばある。

ブラウンの髭剃り

スーパーマーケットは、食料品ばかりではなく、衣料品、本、CDから大工道具まで幅広く取り揃えてある。また、敷地内には眼鏡店や電気製品店、ドラッグストア、クリーニング店や郵便局まで揃っているので、日常生活で必要なことを大抵間に合わせることができる。

以前から愛用していたブラウン社の電動シェーバー（髭剃り）の替え刃を手に入れるために、ショッピングセンターの、電気製品店に行った。店内に入り、

「ブラウンの髭剃りの替え刃が欲しいのですが」と私は店員に言った。店員は背の高いオランダ人だったが、私に、

「どういうシェーバーですか」と言った。

「多分、これでいいと思います」

私は売り場に展示してある刃を見て、自分の物と同じと思われる替え刃を指差してそういった。

「うーん。ブラウンといってもいろいろあるから、一度製品そのものを持ってきて下

さい」と、その店員は言った。

私は替え刃ごときでずいぶん慎重だなとは思ったものの、確かに相手の言うことにも一理あると思ったので、いったん家に引き返し、ブラウンのシェーバーを持ってまた電気屋のところに行った。先ほど私の応対をした店員を見つけて、

「シェーバーを持って来ましたよ」と言った。

すると、店員はおお、来たかという感じで私を見た。私はデイパックに入れていた私のシェーバーを店員に渡した。店員は私のシェーバーを手に取って調べて、

「これがあなたのシェーバーに合う替え刃です」と言って、替え刃を出してくれた。間違いないようだったので、その場で交換してもらい、破損した替え刃はお店に引き取ってもらった。替え刃を交換しながら、その店員は、

「このシェーバーは替え刃を交換し、たまに内側の刃を交換すれば、長く使えますよ」と言った。

「その通りですね。私も内側の刃を一年に一回ぐらい交換しています。たいていそれで問題ないですね」と私が言うと、その店員は、

「もし、バッテリーの充電がうまくいかなくなったら、バッテリーを交換すればまた

長く使えます」と言った。日本だと、電気製品の修理を依頼すると、「ああ、これは新しいのを買ったほうが安いですよ」と言われることが多いので、オランダ人の店員が、シェーバーを大事に長く使うことを勧めてくれたことが、私にはとてもうれしかった。

ヨーロッパ人は電気製品に限らず、自動車でも家でも大事に長く使う。新しい物を買って古い物を捨てるより、一つの物を補修しながら大事に長く使う方が、限られた資源の保護に繋がるのだから、「一つの物を大切に長く使うということ」は、これもまたヨーロッパ人の美徳の一つであると考える。

ヨーロッパにはアイスコーヒーがない

アイスコーヒーといえば、冷たくしたコーヒーに氷を入れて飲む飲み物である。夏の定番といっても良い飲み物であるが、冬に暖房の効いた室内で飲んでも美味しいので、日本では一年中を通して一般的な飲み物であるといえる。しかし、ヨーロッパには日本ではどこでも飲めるごく普通のアイスコーヒーがないのである。

マーストリヒトに到着した当日、マクドナルドにいってハンバーガーとアイスコーヒーを注文したが、アイスコーヒーが通じない。それどころか、店員に思いっきり妙な顔をされたので、コーラに注文しなおしたが、その時、もしかしたらコーヒーを冷やして飲む習慣がないのかなと薄々とは感じていた。

その後、カフェなどで、「アイスコーヒーありますか」と聞いてみても、あるという店がなかったので、「もしかしたら」という気持ちは、さらに確信へと変わっていった。

ところが、普段良く行くスーパーマーケットではなくて、たまたま違うスーパーマーケットで、「アイスコーヒー」と書かれた五百ミリリットルのガラスのボトルを見つけた。私は「おっ、とうとうヨーロッパでアイスコーヒーを見つけた」と喜んだ。それで家に帰って、さっそく冷やして飲もうと思った。

ボトルを見ると、蓋が瓶ビールのような王冠になっていて、栓抜きであける形式になっているので、ちょっと日本のアイスコーヒーの容器とは形が異なっていると感じた。

日本では、栓抜きで開ける容器に、アイスコーヒーが入っていることはない。普通は紙パックか缶入りだろう。蓋を栓抜きで開けるのは、サイダーとかビールを連想させる。冷蔵庫でしばらく冷やしておいて開けてみることにした。

栓抜きで蓋を空けた瞬間、シュポッとビールを開けた時のような音がした。なにかいやな予感がする。これは本当にアイスコーヒーなのであろうかと思いながら、ガラスのコップに注いでみると、なんと黒ビールのように泡が立つ。この「アイスコーヒー」は炭酸飲料なのだ！

おそるおそる匂いを嗅いでみると、コーヒーの匂いがする。つまりこれはコーヒー入りのサイダーなのだ。飲んでみると予想通りまずかった。これはおそらく子供用の飲み物なのだと思う。ちなみに、そのスーパーマーケットでは「アイスティー」というのも売っていたが、やはり紅茶入りのサイダーだった。もちろん二度と買わなかったのは言うまでもない。

ところで、オーストリアの首都ウィーンまで行くと、カフェのメニューにアイスコーヒー（Eiß Koffee）がある。しかし、日本のアイスコーヒーを飲むつもりで注文すると、出て来たものを見て、こういうのもアイスコーヒーなんだなと再認識させられる。

知っている方も多いと思うが、どんなものが出てくるかというと、コーヒーの上にアイスクリームが載っているのである。氷は入っていない。そのコーヒーも日本のように四度くらいに冷えたのではなく、室温程度の生ぬるさである。

つまり、ウィーンのアイスコーヒーは、コーヒーを冷やしたという意味ではなく、コーヒーの上にアイス(クリーム)が乗っているという意味なのである。気候の厳しいヨーロッパでは、わざわざ温かいコーヒーを冷やして飲むという発想がないのかも知れない。

結局、ヨーロッパでは冷たいコーヒーというものにはお目にかかれず、私がクリスマスにヨーロッパから日本に一時的帰国したとき、成田空港で最初にしたことは、自動販売機で缶入りの冷えたコーヒーを買って飲むことだった。

寝たきり患者、一般道を疾走す

マーストリヒトに住んでいる頃、ある日、私が近所のスーパーマーケットに買い物に行った帰り道のことである。スーパーマーケットからの帰り道には、いつも通るロータリー(ラウンドアバウト)がある。いつものとおり、そのロータリーの前に来ると、目の前に何か異形のものがあるのが見えた。それはベッドのような物体である。

一瞬、目の錯覚かと思ったが、よく見るとそれは本当にベッドで、それが結構なスピードで道路を移動しているのである。さらに近づくと、ベッドには人間が横たわっており、どうやらその人が横たわったままベッドを操縦して路上を走っているのである。

ロータリーは一車線かつ一方通行なので、そのベッドに追いついて、しばらくその車の後ろを走ることになったのだが、そのベッドは時速二十キロくらいは出ていた！一般道をベッドに横たわった人が走っていく。その人がどんな病気で寝たきりになったのかは知らないが、日本だったら外出するのもままならないだろう。しかし、オランダでは寝たきりの人が自力で外出（どころか疾走）しているのを知って、私は驚いた。

後で職場の同僚にこの話をすると、

「ああ、その人は私も見たことがある。それも一回だけではない。結構スピード出るんだよね、あのベッドは」と言っていた。

日本の場合は道路交通法の問題等で、ベッドに横臥したままの運転は許可されないだろう。寝たきりで外出もままならない国と、自分でベッドを運転してドライブを楽しむ国とでは、病人のクオリティ・オブ・ライフがかなり違う。

私だったら年老いて寝たきりになっても、ベッドを運転してドライブを楽しんでみたい。しかし、日本の現状ではそれは当分無理だろう。病人を乗せたベッドが一般道を自走しているのを見て、ヨーロッパの福祉の幅の広さを知った気がした。

一般道をベッドに横たわった人が走って行く。いつか日本もそういう社会になる日が来るのであろうか。

【オランダ篇】
第三話「峠と海岸」――オランダの西端と東端

第一部　オランダ東端、ヨーロッパの三国峠にて

島国日本と違って、地続きのヨーロッパでは、峠すなわち国境ということがよくある。例えばアルプス周辺には、交通の要所ともいうべき峠がいくつもあり、スイスやドイツやイタリアの国境となっている。

これらの峠の中には、もう二千年以上も昔、古代ローマ軍と戦ったカルタゴの名将ハンニバルが象隊を従えてイタリア北部を奇襲したときに通った峠もある。古代から

オランダ周辺図

峠とは生活圏の境界線であり、国境であり、異民族の侵入の場であったということができる。

ところが、同じヨーロッパといっても、私が滞在していたオランダは国土の大半が平坦で、国土面積のうち二十五パーセントが海抜0メートル以下である。そもそもオランダの国名は、正式にはネーデルランドというのだが、それはオランダ語で「低い土地」という意味である。

しかし、そんな平坦な国にも峠が存在する。その峠の名はドリーランデンプントという。ドリーランデンプントとは、日本語に直訳すると、「三国の点」ということで、要するに三つの国の国境が接している場所（三国国境）のことである。

ドリーランデンプントは、私の住んでいたマーストリヒトの東約三十キロのところにある。ドリーランデンプントの意味する三つの国とは、ここではオランダ、ベルギー、ドイツのことである。オランダを中心に考えると、東にドイツがあり、南にベルギーが存在する。

いくら地続きのヨーロッパといっても、都合よく三つの国境が接している場所はそうそうないので、このドリーランデンプントは、ちょっとした観光地になっていて、私自身も何回か行ったことがある。

ドリーランデンプントに行くにはまず、マーストリヒトから車で二十分くらい東に向かって国道を走る。オランダ＝ドイツ国境のオランダ側の最後の町であるファールズの市街地の手前で、道路にドリーランデンプントの標識が現われる。標識に示された方向に自動車を進めると、道はすぐに峠道特有の曲がりくねった上り坂になる。

そのまま頂上を目指して上っていくと時折、上方から競技用自転車が勢いよく下ってくる。その競技用自転車をうまく避けながら五分ほど上ると、左手の方向に見晴台のついた大きな山小屋風の建物がある。ここが三国国境かと早合点してしまいそうになるのであるが、そこは単なるドライブインである。

でももしかしたら、観光客の十組に一組くらいはそこが三国国境だと思って、そこでビールを飲んで、記念の絵葉書を買って写真を撮影して帰ってしまうかもしれない。本当の三国国境の入り口は、そこから四百メートルくらい車で上ったところにある。

駐車場に車を停めて歩きはじめると、「三国国境にようこそ」と書かれた看板が立っている。その看板を通り抜けて前方に歩いていくと、この辺りは意外と平坦で、一種の台地のような構造になっていることがわかる。

右側には森、左側には芝生のある広場があり、その広場に三国国境を示す柱が立っている。これがオランダとベルギーとドイツの国境地帯なのである。周囲には検問所や鉄条網もなく、我々が「国境」という言葉でイメージするようなものは一つも見当たらない。

三つの国が国境を接する点には、九角形の角柱が建っていて、それが国境の目印の標柱である。角柱のある一面にはNL、ある一面にはB、ある一面にはDと刻まれていて、それぞれがオランダ、ベルギー、ドイツの方角を示している。その九角柱の周囲をぐるりと回れば、一瞬にしてオランダ、ベルギー、ドイツの三国を訪れたことになるので、ちょっとした人気のスポットになっている。

もちろんそのままベルギーの方に歩いていっても、ドイツの方に歩いていっても、不法侵入の疑いで身柄を拘束されるようなことはない。何しろ政府関係者（兵士、入国管理官、税関職員など）が一人もいないし、そもそも国境線に沿って柵があるわけではないのである。

オランダ最高点。標高322メートル

実際に観光客はドイツ領に入ったり、すぐにオランダ領に戻ったり、ベルギー領に入って記念写真を撮ったり、自由に歩き回っている。子供たちも国境を越えて走りまわっている。みんな国境を自由に出入りできるということを実感として楽しんでいるようだ。

ところで、駐車場からこの九角柱まで行く間にオランダ最標高点がある。最標高点とは、その国でもっとも標高の高い場所である（日本の最標高点はもちろん富士山山頂にある）。オランダでもっとも標高の高い場所は、この丘にあるのである。

しかし、このオランダ最高点の標高はたった三百二十二メートルだというのだから、このオランダという国がどんなに平坦か分かるというものである。ちなみに、オランダの独立最高峰はマーストリヒト郊外にあるシント・ピータースベルクという丘であり、標高はたったの百一メートルである。

さらにここには、エレベーターで登ることのできる展望台もある。展望台の入場料はオランダのお金でも、ベルギーのお金でも、ドイツのお金でも払うことができた。ユーロが導入された現在はもちろんユーロで払うのだろう。

高さ百メートル程度の展望台に、エレベーターで上った。着いたところが展望台なのかと思ったら、そこから先は螺旋階段で頂上まで上るようになっている。

その螺旋階段の足元がなんと金網でできていて、階段を上りながら下を見ると、百メートル下の地上が見えるのである。高度百メートルで、下が透け透けの階段というのはかなり怖いものである。もし高所恐怖症であったら、その階段は上れないのではないかと思った。女性客は小さな悲鳴を上げながら階段を上っていた。

その階段を上るときに感じる恐怖には二種類あり、一つは単純に真下の地上が見えるからであるが、もう一つはこの華奢な金網に乗っても破れたりしないのか、もしかして金網に穴が開いて下に落ちてしまうのではないかという別の種類の恐怖もあった。

ちょっとしたスリルを味わいながら、展望台の頂上に上ると、三百六十度の眺望が楽しめた。天気のいい日はかなり遠くまで見渡すことができ、一度に三ヵ国を眺望することができるので、とても気分がよく、この三国国境が観光地としてそれなりに人気があるのも分かるような気がした。

展望台の上から三国（ドイツ、オランダ、ベルギー）を見渡すと、なかなか興味深いことが分かる。それは各国の特徴が景色に反映されるということだ。最初に気がつくのは、ドイツ側の景色と他の二国の景色の違いである。ドイツ側の景色が他の二国の景色に比べて大きく違うのは、視界に工場や住宅などの建造物が目立つということである。

これは、国境沿いのドイツの都市であるアーヘンの市街地とその周囲の工業地帯を見ているのである。アーヘンはフランク王国のカール大帝がフランク王国の首都とし、十六世紀までドイツ皇帝の戴冠式はアーヘンで行なわれていたという歴史のある街で、現在の人口は二十五万人である。展望台から見えるドイツは、国境ぎりぎりまで市街地が広がり、工場の煙突から煙が出ていたりして、いかにも人口の多い工業立国という印象を持った。

他の二国（オランダ、ベルギー）はいわゆる田園地帯の景色だが、オランダの方は比較的平坦で、牧草地や畑のやや単調な景色が続くのに対して、ベルギーの方は森があったり畑があったり、モザイクのように色調豊かに感じる。同じ田園風景でも印象が異なるのは、オランダ人のゲルマン的な統一性（悪く言えば単調である）とベルギー人のラテン的な臨機応変性（悪く言えばまとまりがない）に通じるのではないかと思った。

またオランダには国有地が多く、ベルギーには私有地が多いというお国柄の違いも、それぞれの国の景観の違いに少なからず影響を及ぼしているのだと思う。

三国峠を訪れると、ヨーロッパの歴史とか現実というものを意識せずにはいられない。ヨーロッパでは、このように「峠」を越えると、話す言葉も国民性も違う人々が文字どおり背中を接して暮らしているのが現実の姿なのである。

ここ五十年ほどの間にも、ヨーロッパにはいろいろなことがあった。大きな戦争による破壊と混乱の中でドイツが東西二つの国に分割され、その後ふたたびドイツが統一され、さらに東西ヨーロッパ間に存在した鉄のカーテンが消滅した。

その流れを受けて、かつて西ヨーロッパといわれた地域では、ＥＣ加盟国の間で、経済や外交政策を統合するという構想が着実に発展した。その結果、一九九二年のマーストリヒトにおける欧州議会での決議を受けて、一九九三年にマーストリヒト条約が発効し、ヨーロッパ共同体間の国境が解放され、統合通貨（ユーロ）の導入も決定した。

マーストリヒト条約のおかげで、この三国国境ばかりではなく、ヨーロッパ共同体の国境そのものも自由に往来することができるようになったのである。

これからもヨーロッパを統合しようという試みは、それが成功するかどうかは別として、さらに大きな時代の潮流となっていくことだろう。元々のEC加盟国に加えて、将来的には東ヨーロッパ諸国の中の幾つかの国も、その統合に参加する流れである。

経済的に統一され、一つの大きなブロックとなった新しいヨーロッパ共同体は、日本にとっては手強いライバルにもなるし、親密なパートナーにもなりうるという意味で非常に存在感を感じさせる。

ヨーロッパが一つになろうとするまでには、一冊の本ではとうてい書ききれないほどの長い闘争の歴史があった。そういう苦しみを経て、結局「ヨーロッパは一つ」という構想が実を結んだのである。

それに対して日本は島国であるから、「峠」そのものは無数にあるものの、「峠」が国境となる場所は存在しなかった。諸外国とは海を隔てていたために、外国人との交流には不便な点があったし、日本は歴史的に諸外国と疎遠な時期もあった。そのためかどうか、日本人はもともと外国との交渉があまり上手とはいえないように思われる。日本の場合、外国との交渉とはすなわち異文化との交渉であるといえるが、文化の異なる者同士では、かならずしも「話せばわかる」が通用しないこともある。ヨーロッパ人は長い闘争の歴史を通してそのことがよくわかっている。その上で「ヨーロッパは一つ」という構想を結実させたのだから、相当の理性的な努力があったと思われる。

私自身は、このヨーロッパ統合が本当にうまくいくのかどうかは、もう少し長い目で見ないと判らないと思う。西暦二〇五〇年くらいまでこの統合が継続し、いくらかでも発展することができるならば、この試みは成功だったと判断できるのではないかと思っている。大きな歴史の流れでは、たとえ五十年といえども、あっという間であることは確かであるが、少なくとも五十年間その体制を維持し発展させることができたとするならば、ヨーロッパ連合は歴史的に評価されてもよいと思うからである。

三国国境は、ちょっとした軽い気持ちで行くことのできる観光地で、私も日本から来客があったときはかならず連れて行くようにしていた。日本にはない国境、しかも珍しい三国国境という場所は、かならず来客に楽しんでもらうことの出来るスポットの一つであった。

しかし私は、三国国境を訪れるたびにどういうわけか厳粛な気持ちになり、マーストリヒトに帰るときには、ちょっと無口になって帰ってくることが多かった。何故そうなんだろうと考えてみたのだが、それは国境を接する国同士が、その国境を安全に開放するために営々と続けてきた努力に敬服し、自然と頭《こうべ》を垂れる思いになるのだということに後になって思い至ったのである。

第二部　オランダ西端、オランダ人によるオランダ人のための海水浴場

オランダを西へ西へと走りつづけていくと、行けども行けども地形は平坦で、広い牧草地と点在する森だけの景色が延々と続く。平原には、集落が間隔をおいて次から次へと現われるが、同じような農家数軒と同じような教会一軒からなる集落は、一つ

ドンブルグの海岸

一つが見分けがつかないほど似通っていて、まるでエンドレスのビデオテープを見ているようである。

北海からの雲は低く垂れ込めて昼間なのに薄暗く、単調な景色と相まって運転していながら、ちょっと陰鬱な気分になってくる。この方面には来ないほうが良かったかなと一瞬、後悔の念が湧いてくるほどである。

オランダを西へとドライブしていると、北海からの強風を利用する目的で建設された風力発電の風車を、たまに見かけることがある。風車といっても昔風のではなくて、金属製のモダンなやつである。単調な風景の中で、そのモダンな風車を見つけると、景色に変化が出てちょっと救われた気持ちになる。

アメリカ・カリフォルニアにも、同様の風力発電用の風車が建設されているのをテレビで見たことがあるが、カリフォルニアの明るい陽光の下で見る風車とオランダの陰鬱な風景の中にある風車は、その印象に格段の違いがあるのではないかと思われる。

オランダで見るモダンな風車は、陰鬱な、低く垂れ込める雲の中にあって、まるで一九六〇年代のSF映画のような、一種独特の非日常感があり、まるで違う世界に迷い込んでしまったかのような不思議な感覚を覚える。オランダを西へと進むそれまでのドライブが単調だったから、なおさら風車の非日常性が強調されるのかもしれない。風車を通り過ぎると、また元の単調な、平坦な起伏のない道路をただ前方に進むだけのドライブになる。

ドンブルグの海岸

西へのドライブの終点には北海があり、北海に面した海水浴場がある。私は北海に面したオランダの海水浴場は、「オランダ人のための海水浴場」だと思う。なぜ「オランダ人のため」なのかというと、他の国の人だったら、他のもっとましな海水浴場に行くであろうと思われるからである。

私が訪れたのは、オランダでは有名な海水浴場のあるドンブルグというところである。マーストリヒトからドンブルグまでは約二百キロの距離である。ドンブルグはゼーランドというオランダ西部の島や半島が複雑に入り組んだ場所の一角にあり、ここはほぼオランダの最西端といってもいいところである。

まずはドンブルグの駐車場に車を停めて、海岸に出てみる。見渡す限り北海に面した砂浜が続いている。砂浜以外は何もないといった感じである。空には低く雲が垂れ込め、夏だというのに、北海から吹き付ける風は肌寒ささえ感じさせる。

浜辺にはぽつん、ぽつんと人がいて水遊びをしている人がいるが、泳いでいる人は一人もいなかった。この北風では、水着になるのも勇気がいるほどだ。天候のせいもあるが、風景的にもかなり寒々とした海水浴場だった。

画家のモンドリアンが三十六歳のとき、このドンブルグで一夏を過ごしたという。モンドリアンはオランダのアメルスフォールトという街で一八七二年に生まれた。その彼がドンブルグで過ごしたのは、一九〇八年の夏ということになる。

彼はここで「ドンブルグの風車」という作品を残している。薄明の中に風車がシルエットのように浮かんでいるように見える作品である。それまでの彼の作品は、どれもこのように淡い色調のものばかりだったのであるが、一九〇八年頃より彼の作品に変化が起きはじめる。彼は風景画に、ゴッホのような強烈な黄色やオレンジ色を使用し始めるのである。

ドンブルグの風車

一九〇九年の彼の作品に、「陽光下の風車」という作品がある。燃えるような空を背景に逆光になった風車を描いたものである。「陽光下の」というより夕焼けの空のように私には思え、風車自体も空の色を反射して赤く燃え上がっているようにみえる。

その後、モンドリアンは自分の作風にフォービズムとか点描の手法を取り入れ、一九一一年から一九一四年までフランス・パリに移り住み、今度はそこでキュビズムの洗礼を受けることになる。そしてふたたびオランダに帰ったモンドリアンは、以後ずっと「モンドリアン形式」といわれる原色のタイルを組み合わせたような抽象画を描くようになるのである。

ドンブルグに滞在したことがモンドリアンの作風の変化に、どのように影響を与えたのかはわからないが、一九〇八年を境として描く絵ががらっと変わっているので、何らかの影響を与えたことは間違いないだろう。

実際に私がドンブルグを訪れたときには、私自身は「とてもここで一夏を過ごすことは出来ないな」という感想を持った。鉛色の海、単調な砂浜と垂れ込める低い雲、絶え間なく北海から吹き付ける風、しかもランドマークになるのは風車だけということの「リゾート地」には、二、三時間もいれば充分だと思った。ドンブルグの景色をそのまま風景画として描いても、淡い色調の殺風景な絵が大量に出来るだけである。それはある意味、彼にとっては芸術活動の行き詰まりでもあったのであろう。

ドンブルグの鉛色の海と雲が低く垂れこめた空を一夏の間眺めつづけた結果、彼は

「もしドンブルグの空が陽光で光り輝いていたら」とか、「もし風車もその光を受けてきらきらと輝いていたら」とかいろいろ空想してみたのかも知れない。そしてそれが新しい作風を開拓するきっかけになったのかもしれないし、後年、彼が色彩豊かなパリに行くきっかけにもなったのかもしれない。

殺風景な「オランダ人のための海水浴場」を見たことは、私にとってもいい経験になった。私が大変印象付けられたのは、ドンブルグに遊びに来ているオランダ人の子供たちがとても嬉しそうにしていることである。このような笑顔を、私は日本の東京ディズニーランドや伊豆あたりの海水浴場でも見ることができる。もし子供たちが笑顔を見せているならば、そこは彼らにとってはうきうきするような非日常の空間であり、楽しいリゾート地なのであろう。

次に私はゼリックゼーという古い街に行った。このゼリックゼーという街は、中世以来の面影を色濃く残し、いまだに城壁に囲まれた街である。大部分のオランダの街が、近代化する過程で城壁の全部ないし大部分を撤去し、その部分を広い環状道路にしたのに対し、この街では、昔の厚い城壁がそのまま残されている。

ゼリックゼーの市街へ入るのは城門をくぐらなければならないが、その城門は車が一台やっと通れるくらいの広さで、市街の道路も車一台分の幅しかないので、ほとんど全て一方通行になっている。ゴツゴツした石畳の車道をゆっくり走ると、ほとんど人影も見当たらず、まるで中世の時代そのものという雰囲気である。現在の人口は三千九百人であるという。

その後は、都市としてオランダ最西端に位置するミデルブルグという町に行った。このミデルブルグは、オランダ西部のゼーランド州の州都であり、ゼーランド州の代表的な都市である。ゼーランドとは「海の国」という意味であり、太平洋にある国「ニュージーランド」の語源になっている。「ニュージーランド」は、もともと「ニューゼーランド（新しいゼーランド）」だったのである。

ところで江戸時代、オランダから日本へ行く貿易船はこのミデルブルグからも出航していたそうである。その縁でミデルブルグと長崎とは、現在も姉妹都市の関係にあるという。

ミデルブルグの地図を見ると、この町は中世には函館の五稜郭のような保塁を備えた星型の城塞都市であったことがわかる。現在の地図からは九つの保塁の名残りが確認できる。

ミデルブルグの南東部に鉄道の駅があるが、この部分は近代になって地形が変わった部分と考えられる（なぜなら中世には鉄道はなかったから）。もしここにも保塁があったとすると、ミデルブルグはナールデンのような典型的な十二稜郭を持った城塞都市だったのではないかと思われる。

ミデルブルグに到着したのは、もう夕方の五時を回る頃だった。車を降りて歩いてみると、ミデルブルグの旧市街にはあまり人の気配がなくて、ちょっと寂しい感じがした。ウィークデーの夕方だというのに、ちょっと人が少なすぎるようにも思えた。

ミデルブルグの市街。人通りがない

現在のミデルブルクには往年の活気といったものは感じられない。立派な市街を形成している街なのに、人があまりいないというのは日本ではちょっと考えにくい状況である。将来日本も人口が減少していくと、こういう風景が日本の随所で見られるようになるのかもしれない。

ミデルブルグの中心地には、オランダの他の都市と同様にマルクト（市場）広場がある。マルクト広場に隣接して市庁舎がある。ミデルブルグの市庁舎は、十五世紀に建てられたゴシック様式の大きな建物で、施された彫刻も見事なものであった。広いマルクト広場と立派な市庁舎があることから、大航海時代には相当の繁栄を誇った町なんだろうなと思った。マルクト広場には、買い物袋を下げた中年の女性たちが二、三人歩いていた。

マルクト広場を抜けて大修道院の方へ向かって歩いていると、タイミングよく、大修道院の鐘楼の鐘が大きく鳴り響きはじめた。時計を見ると午後六時であった。「ランゲ・ヤン」と呼ばれる高さ九十一メートルの塔から大きな鐘の音が鳴り響くのを聞いて、「ああ、ここはヨーロッパなんだな」と異国から来た私は、改めて情緒的な気持ちになった。

北海沿岸の天気は変わりやすく、先ほどドンブルグにいたときは厚い雲が垂れ込めていたのに、ミデルブルグではまだ沈まない太陽が元気に顔を見せている。私がミデルブルグを訪れたのは、一年で一番昼間が長い季節であった。この時期には日が沈むのが十時ごろであり、十一時近くまで明るい。したがって、これから四時間以上も明るい状態が続くのである。

ミデルブルグの市庁舎。往年の栄華を感じさせる見事な建築

ついさっき、ミデルブルグの鐘ががらんがらんと鳴り響き、その後にはまた静寂が訪れた。しかし、ミデルブルグの街では鐘が鳴る前と鳴り終わった後では何かが違っていた。鐘が鳴り響いた後の静寂には、何か違った空気、ちょっと引き締まった空気が漂っているように思えたのである。太陽の位置はほとんど動いていなかったが、鐘が鳴ったことで一日の区切りがついたようだ。

その鐘は長い夏の一日の「終わりの始まり」を告げ、その日を安息のうちに終える準備を促しているように私には聞こえた。また、その鐘の音を

ランゲ・ヤンと呼ばれる塔（ミデルブルグ）。午後６時に荘厳な鐘の音を聞かせてくれた

聞いた人すべてに、その日はどのような一日だったのか、自分にとって満足できる日だったのかどうか、振り返って反省してみることを迫っているようにも私には感じられた。私自身の今日一日を振り返ってみると、初めてオランダ西部地域を訪れることが出来て得ることの多い一日であった。

私は鐘の音が鳴り響いた後の静寂の余韻が消えないうちに、マーストリヒトへ帰ろうと思った。往年の活気を失って久しいと思われるこのミデルブルグというところは、かえってその静かさが印象的であり、長く私の記憶に残る町の一つになった。

【オランダ篇】第四話「アムステルダムの亡命者」——アムステルダム

一九九七年のある日の夕方、アムステルダム中央駅からスキポール空港駅まで行くために電車に乗った。自由席なので、空いている席を探して通路を歩いた。その電車は、ヨーロッパではよくある、二人掛けシートが向かい合ったコンパートメント形式だった。二×二のコンパートメントに、一人だけ先客がいるところに座ることにした。その先客は黒人で、私は彼に向かい合うように座った。

アムステルダムでは黒人を見かけることは多いので、特に気にもならない。アムステルダムは、道行く人々に白人、黒人、東洋人が入り混じって、さすがコスモポリタンの都市だと思う。オランダの他の都市でも、黒人がまったくいないということはな

アムステルダム中央駅

いのだろうが、アムステルダムに比較すると、数はぐっと少ないようで、私の住んでいたマーストリヒトでは黒人を見かけたことはなかった。

アムステルダムで見かける黒人は、中南米にあるオランダの旧植民地だったスリナムという国の出身者が多い。オランダに住む外国人にとって、オランダ語が話せるということは大変有利なことであるが、スリナムの公用語は、現在でもオランダ語である。したがってスリナム出身の人は、もともとオランダ語が話せるので、他の外国人よりもオランダで就職しやすいのであろう。だからアムステルダムの黒人は、スリナム人が多いのである。

そのような予備知識から、私はその黒人もスリナムから来ている人だと思った。当時オランダ語を勉強していた私は、これもオランダ語の勉強だと思って、その黒人に話し掛けてみた。すると意外なことに、その黒人はオランダ語が分からなかった。しかし、彼はちゃんとしたイギリス風の英語を話す。話してみてびっくりしたのだが、かなり教養の高い人だ。よくよく見ると、聡明そうな顔をしている。どこから来たのかと聞くと、

「ルワンダから来た」と言う。

中央アフリカの小国ルワンダといえば、当時のマスコミをかなり騒がせていた。何故かというと、ルワンダの二大民族であるフツ族とツチ族が衝突して凄まじい内戦になり、今まで隣同士に住んでいたフツ族とツチ族が鉈《なた》を持って殺し合いを始めたのだ。村々に手足が切断された虐殺死体が散乱している状況を、CNNやBBCの衛星放送で繰り返し放送していた。一九九七年当時は国連平和維持軍の調停が行なわれていた。彼はそこから命から

オランダ地図

がらオランダに逃れてきたらしい。

「あそこはひどい」と顔をしかめて彼は言った。自分の故郷であるルワンダのことは思い出したくもないようだ。

ルワンダは、アフリカ中央部に位置する小さな内陸国である。タンザニアの隣といえば、わかりやすいかもしれない。以前のルワンダは、「アフリカのスイス」とか「千の丘と千の湖の国」と呼ばれる風光明媚な国で、気候が温和で土壌も豊かで、農耕にも牧畜にも適した土地だったという。そんなルワンダが、なぜ一九九四年の三ヵ月間に五十万人以上の人々が虐殺されるような恐ろしい国になってしまったのであろうか。少し長くなるが説明をしようと思う。

ルワンダは、もともとフツ族という民族が定住して農耕を行ない、彼らの王国を築いていた。そこに十五世紀頃に牧畜民族であるツチ族が牧草を求めて牛をともなって流入してきた。少数派のツチ族は、貴重な財産である牛を独占所有し、その牛をフツ族に貸与することで、先住民であり多数派であるフツ族を従属関係に置いた（内戦前のルワンダは、フツ族が九十パーセントを占め、残り約十パーセントがツチ族で構成されていた）。

長年同じ地域に暮らしていたので、フツ族とツチ族の言語や習慣はほぼ同化していたが、社会的にはフツ族はツチ族に従属する形であった。

ちなみに、ツチ族もフツ族もいわゆる黒色人種である。帝国主義全盛の時代、ルワンダは他の大部分のアフリカ諸国と同様に、ヨーロッパ列強の植民地となったが、白人に支配される前のルワンダは、ツチ族が貴族制度をつくって支配階層を形成し、ツチ族の王が統治する王国を形成していた。

十九世紀の終わりごろ、ヨーロッパから白人が流入してきた。彼らは経済力、武力を背景にルワンダを征服し、一八九九年にルワンダは、ドイツの植民地になる。

しかし、白人の支配者たちはツチ族の支配階級を滅ぼさずに、逆にルワンダを統治しやすくするために温存した。白人の存在を背景に、ツチ族の王制はかえって強化された。白人入植者やツチ族の支配層が、フツ族から自由に労働力を徴発するように出来る法律が施行された。とんでもない法律である。

さらに白人はツチ族とフツ族の離反を図るために、ツチ族のみに教育の機会を与え、重要なポストや軍隊の入隊もほとんどツチ族に限定した。その結果、白人＞ツチ族＞フツ族という階級制がさらに固定化された（人口比では全く逆になる）。白人とツチ族は権力を独占し、フツ族のツチ族に対する憎悪は次第に増強していった。

　第一次大戦のドイツ敗北後、ルワンダはドイツ領からベルギーの植民地になったが、宗主国が変わっても白人＞ツチ族＞フツ族という序列に変化はなかった。第二次大戦後は多数派であるフツ族が徐々に力を付けてきて、一九五九年にはフツ族が中心になってクーデターを起こしてツチ族の王を追放し、翌年の自由選挙ではフツ族政党が大勝し、一九六二年には正式にベルギーから独立することが出来た。

　この独立前後の混乱期に、ルワンダではフツ族が政権を握ることができたものの、過去の圧倒的なツチ族の支配に対する恐怖と「ツチ族のせいでフツ族は奴隷にされた」という反感から、フツ族はツチ族を襲って数千人を殺し、ツチ族の十万人以上が国外に亡命を余儀なくされた。

　このような経過を経てルワンダでは、フツ族が政権を担当するようになったが、その後も依然として経済を支配していたのはツチ族と白人であった。独立後のルワンダの政権基盤は不安定で、一九七三年にはフツ族出身の国防相がクーデターを起こし、後には自らが大統領に就任し、軍政を敷いて事実上の独裁体制となった。

　一九八七年に、亡命したツチ族を中心に、「ルワンダ愛国戦線」という反政府組織

（軍）が結成された。一九九〇年、彼らはフツ族政権に対して内戦を挑んだ。ツチ族主体の反政府軍は、フツ族主体のルワンダ政府軍を圧倒し、ルワンダ北部を占領した。他にもフツ族内部での抗争が激しくなってきたり、冷戦崩壊にともない民主化の圧力が国際的にも強まってきたりしたことが、フツ族政権をますます窮地に追い込んだ。

これに対抗してフツ族政権側は、反政府軍を支援するツチ族全体を排斥する方針をとった。前述のようにフツ族の間には、歴史的にツチ族によって差別され酷使されてきたとする被害者意識が強かった。そのような心理状態を基盤にして、フツ族政府はツチ族の撲滅（民族浄化）という政策を掲げた。政治集会やデモを利用し、また政府系のマスコミ（テレビ、ラジオ、新聞）を利用して、ツチ族抹殺のキャンペーンを毎日繰り返し行なった。

特にラジオ「千の丘自由放送」によるプロパガンダ行為は効果が絶大で、毎日毎日、ラジオのアナウンサーは巧妙にツチ族への憎悪をあおりたて、村単位、隣人単位のツチ族虐殺を奨励した。これは内部に矛盾を抱える政権が外部勢力（この場合はツチ族）の脅威をあおることで、不満を外に向けることを意図する典型的なマキャベリズムの手法だった。

ツチ族との内戦やフツ族同士の内部抗争によって生活が立ち行かなくなっていった人々は、政府のプロパガンダに乗せられてツチ族を激しく憎むようになっていった。フツ族過激派により武装民兵が組織され、ツチ族の虐殺を開始した。特にフツ族の貧困層は、ツチ族虐殺の先頭に立ち、ツチ族であることを理由に自分の村の隣人や兄弟の妻でさえ鉈《なた》で殺害した例が証言によって明らかにされている。

さらに軍隊や大統領警護隊なども、組織的にツチ族殺害に加担することにより、ツチ族虐殺が日常化していった。彼らは検問所をつくり、通行人の身分証明書を調べて、ツチ族であることがわかると即座に処刑していった。

このような状態に輪をかけるように、一九九四年四月、ルワンダ大統領を乗せた飛行機が墜落して大統領が死亡するという事件が起きた（テロによる暗殺と推測されている）。この事件のあと、報復と称してフツ族によるツチ族の大虐殺がルワンダ全土で大々的に実行された。

一方、ツチ族主体の反政府軍「ルワンダ愛国戦線」は、フツ族政府軍との決戦に勝利を収め、最終的にルワンダ全土を制圧した。しかし、この内戦の間にも、ルワンダ全土で大規模なツチ族虐殺は続いた。

虐殺された数は、たった三ヵ月で五十万人以上といわれている。内戦終了後、フツ族はルワンダ全土を制圧した「ルワンダ愛国戦線」の報復を恐れて、タンザニアやザイールに逃亡し、それによって二十世紀最大ともいわれる二百万人以上の難民が発生した。その後、国連によるPKF活動によって同年七月に停戦が合意され、難民の帰還が促されたが、現在でもツチ、フツ両族の対立抗争は後を絶たないという。

その結果、現在のルワンダには、かつて「アフリカのスイス」と形容された頃の面影はまったくないそうだ。彼はそういった大混乱をきたした国から逃れてきたのだ。

実際は彼自身にも語るに尽くせない悲しい物語があるに違いないが、穏やかな彼の表情からは読み取れない。今まで味わった苦悩を、巧みにソフィスティケートする術を身に付けているのであろう。「あそこはひどい」と彼が言ったその一瞬だけ、内面に秘めた強い感情が表われたような気がした。

「ところで、おまえはどこから来たのか」とそのルワンダ人は私に尋ねた。

「日本からだ。今はオランダのマーストリヒトというところに住んでいる。もう約一年になる」と私は答えた。

「日本から来たのか」彼はへえっという顔をしてそう言った。

日本人を日本人として意識するのは、そのルワンダ人にとって初めてだったのかもしれない。私が彼を最初はスリナム出身の黒人と思っていたように、彼は私のことをアムステルダムによくいるインドネシア系オランダ人だと思ったのかもしれない。

「オランダで何をしている？」さらに彼は、私にそう質問した。

「医学の研究だ」と私は答え、

「おまえは何をやっている？」と聞いてみた。

「オランダの知り合いを頼ってきたばかりなので、まだ仕事はないんだ」

「ところでこれからどこに行くんだ？」と彼は聞いた。

「私はスキポール空港に用があって行くところだ。君はどこに行くの？」

「俺は知り合いの家に行く。彼らに招待されているんだ」

「その知り合いはルワンダ人か？」

「そうだ。彼らは夕食を作って私を待っている」

「ルワンダの料理か？」と私は聞いてみた。

「そうだ」と彼は答えた。その日は日曜日だった。異郷の地にいる人間、まして亡命者の彼にとって、故郷の人々と故郷の料理を食べて過ごす晩はどんなに楽しみなことだろう。

「それじゃあ、きっと今晩はよい時間を過ごせるね」と私は答えた。彼はにっこりと微笑《ほほえ》んでうなずいた。

ルワンダではどんな職業だったのかは聞かなかったが、高等教育を受けた数少ないエリートの一人であることは、その温和な態度や正確なイギリス英語から推測できる。イギリスに留学経験のある高級官僚とか大学の研究者とかだったのかもしれない。

しかし、今はオランダに亡命して、母国の混乱が収拾されるまでオランダにいるつもりなのだろう。オランダ語を話せない人が、オランダでどんな仕事にありつけるかは分からないが、いつか故郷へ帰ることのできる日を夢見て待っているのだろうか。

亡命者に対して、オランダは伝統的にとても理解のある国だ。歴史上多くの亡命者を外国から受け入れている。一回だけその伝統を守れなかったことがある。それは第二次大戦中のことである。当時ドイツからオランダにたくさんのユダヤ人が亡命していた。

「アンネの日記」のアンネ・フランクも、ドイツから逃れてアムステルダムに隠れていたユダヤ人の一人である。オランダは伝統的に亡命者にやさしいし、ドイツと連合国との戦争に対しては中立宣言をしていたし、ドイツから亡命してきたユダヤ人にとっては、オランダは安住の地であるはずだった。

しかし、一九四〇年五月十日、ドイツはオランダの中立宣言を無視してオランダに侵攻する。開戦からわずか六日後の五月十五日にオランダはドイツに対して降伏する。その結果、オランダ国内においてもドイツ国内と同様にユダヤ人狩りが行なわれ、密告によりアンネ・フランクも強制収容所送りとなってしまう。

自分の国が占領されてしまっては、オランダの博愛主義も発揮のしようがない。しかし、占領でもされない限りはオランダは亡命者にとっては、ヨーロッパで一番寛容な国なのである。

「オランダはいい国だな。危ないと感じることがない」しみじみと彼は言った。

「そうだね」と私は答えた。厳密にいえば、麻薬関連など危険なことはオランダにももちろんあるのだが、この世の地獄のようなルワンダからの亡命者には、オランダでの生活はこの上なく安逸に思えるのであろう。

「ところで、日本には戦争はないのか。平和なのか」彼は真剣な顔で私に尋ねた。一瞬、私はその質問に息を呑んだ。独立以来、内戦や虐殺の続く国から逃れてきた身とすれば、そういう質問は当たり前のことなのかも知れないが、日本のような平和な国から来て、オランダのような平和な国に住んでいた私にとっては、かなり意表を突かれた質問だった。

私は先ほど彼が「あそこはひどい」とルワンダについて語ったときの彼の暗い顔を思い出した。そして私は慎重に言葉を選んで言った。

「戦争はない。この五十年間、日本では戦争はないんだ」と私は答えた。

「おおそうか。それは良かったな」彼は言った。

ちょうど電車は、スキポール空港駅のホームに滑り込み始めた。彼にお別れの言葉を言わなければならない。私は彼に「See you again.」と言おうとしたが、ちょっと考えてやめた。「See you again.」は「さようなら」という意味だが、同時に「また会いましょう」という意味もある。

彼とはもう二度と会う機会もないだろう。それで私は彼に「Good bye」と言って席を立った。彼も「Good bye」と言い、私を見てにっこり笑った。私は電車を降りるために出口に向かって歩いていった。

行きずりの電車の中でのちょっとした出会いだったが、私にとっては大変印象的な出来事だった。あのルワンダ人が「日本には戦争はないのか」と聞いたときの真剣な顔は、これから久しく私の脳裏を離れることはないと思う。

彼は今、どうしているのだろうかとふと考えることがある。希望のある人生を送ってくれていたらいいなと思う。今でもオランダにいるのだろうか。それともルワンダに帰国することが出来たのであろうか。もし帰国することが出来たのなら、荒廃した国を再建する人材の一翼を担っていても、決しておかしくはない器量の人物だった。

それで私は、今でもCNNでルワンダのニュースを見かけるたびに、もしかしたら彼が画面に映っているかもしれないと思って、じっと画面を凝視し続けてしまうのである。

【オランダ篇】
第五話「隣りのインド人」——オッテルロー

マーストリヒトで、偶然にインド人の医師と知り合った。彼の名前はサストリーといい、循環器内科のドクターだった。彼はインドの病院から約六ヵ月間、マーストリヒトの大学病院に視察に来ている途中だった。サストリー氏は、放射線科医である夫人をインドに残したまま、単身でオランダに来ているのだそうだ。

その後、私とサストリー氏とはマーストリヒトの大学病院内や、住んでいる建物の一階ホールでしばしば出会うことがあった（同じ建物に住んでいた）ため、単なる挨拶だけではなく、立ち止まって世間話をするようになった。

サストリー氏とは医師であること、アジア人であること、遠く離れた異国から同じ

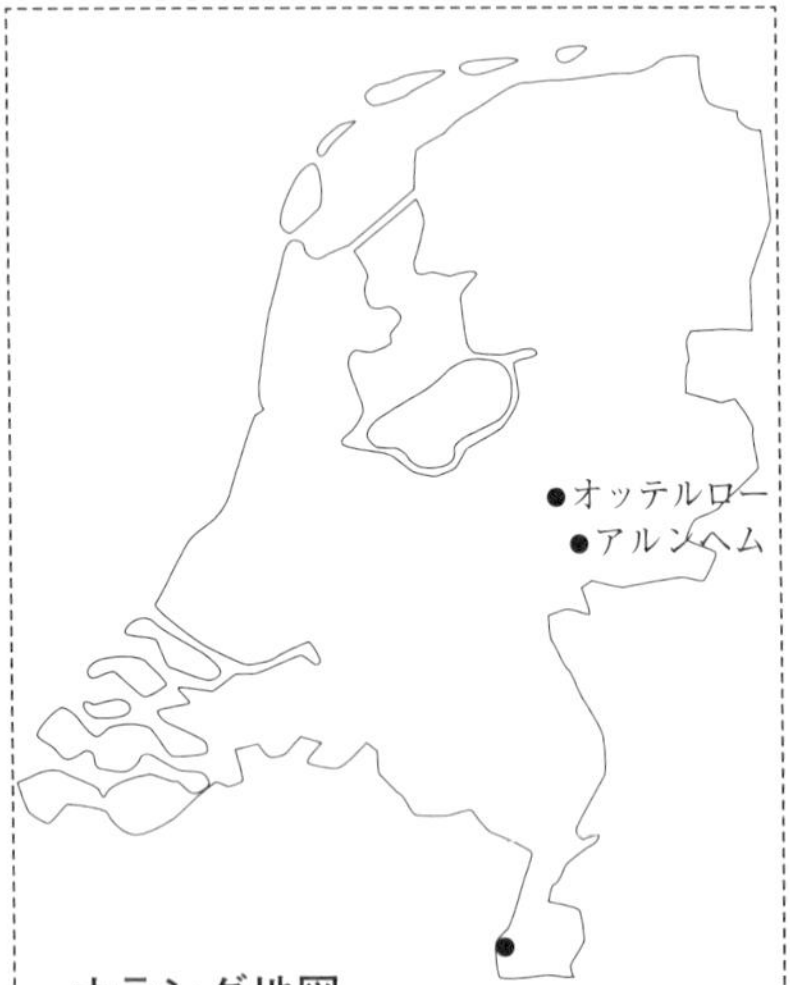

オランダ地図

マーストリヒトの病院に研究に来ているという共通点があることから、お互い親近感を覚えて仲良くなった。

そのサストリー氏と話しているうちに、彼がベジタリアン（菜食主義者）であることを知った。彼と語りあううちに、私はインド人を通して異なった文化というものを対照的に考察するようになった。今回はそのことについて書こうと思う。

ひとくちにベジタリアンといっても色々な人がいて、それぞれの食事制限の程度によって固有の名称があるが、彼はベジタリアンの中でも、もっとも厳しい部類にあてはまる。つまり肉や魚は一切だめなのに加えて、動物性脂肪（バター）を使ったものはだめ、肉や魚でだしを取ったものもだめ、牛乳や乳製品もだめだという。

菜食主義の分類では、彼のようなタイプを「ビーガン（vegan）」という。彼いわく、ヒンズー教の戒律を厳格に解釈すると、このようなベジタリアンになるのであるというう。

サストリー氏は、別に病気で肉や魚を食べられないというのではない。彼は彼自身の意思で、菜食主義を貫いているのである。しかし、ヒンズー教徒なら誰でも完全な菜食主義を守っているかというと、そうでもないらしい。「それは信仰の度合いによる」と彼は言う。

本来のヒンズーの教えでは肉や魚は食べられないのであるが、インド人みんながそれを守っているとはいえない状況のようだ。言ってみれば、彼はヒンズー教の「原理主義者」なのかもしれない。

ある調査によると、最近のインドでは若い人々の方が信仰心が厚く、高齢者の方が世俗的だという傾向があるらしい。これはイスラム圏でもほぼ同様で、「第二世代の地域主義」と呼ばれている。また、とくに知識人、官僚、弁護士、技術者、商業従事者、ビジネスマンの中に、ヒンズー教に対する信仰心のあつい集団があるという。彼もそのような「第二世代のヒンズー主義者」なのであろう。

しかし、彼のように完全なベジタリアンであるということは、「言うは易く行なうは難し」の見本のようなことだと私は思う。特にヨーロッパ大陸で、ベジタリアンであることを完全に守るのは大変だ。それはヨーロッパ大陸の食習慣が、ベジタリアン向けに出来ていないからである。というのは、ヨーロッパ人はゲルマン民族もラテン民族も程度の差こそあれ、日本人から見れば大変な肉食民族だからだ。

十五世紀の文献によると、今より食糧事情の良くなかったと思われる当時でさえ、ドイツ人は一日四百～四百五十グラムの肉を毎日食べていたそうである。そういった歴史的に肉食を主体とする国々で、肉類を全く食べずに生きていくのはかなり難しい。誰かに食事に誘われたとしても、どこに行っても、料理に肉は欠かせないからだ。

私自身もヨーロッパに住んでいて、いいかげん肉を食べるのに飽きたときに、オランダの中国料理のレストランで、「野菜だけの料理はないか?」と聞いてみたら、「全部の料理に野菜を使っているので、野菜だけの料理はない」とわかったようなわからないような答えが返ってきて閉口したことがある。おそらく野菜だけの料理は顧客(ヨーロッパ人)の好みに合わないから出さないのであろう。

ところで私の個人的観察によると、ヨーロッパで一番肉を食うのはゲルマン民族のようだ。極端な話、ゲルマン民族は肉とジャガイモが主食といってもいい。だからドイツやオランダのスーパーマーケットに行くと、日本とは比べ物にならないくらい大きな肉売り場がある。

肉に関しては牛、豚に始まり、羊や鳥、ウサギまで選り取りみどりである。ウサギは日本ではペットというイメージだが、ヨーロッパでは食用として飼っている。たいていの日本人がウサギを見て「かわいい」と思うのに対して、たいていのヨーロッパ人は、「うまそうだな」と思うのである（私がこれを最初に聞いたときはちょっとショックだったが）。

またヨーロッパには、ハム、ソーセージも多種多量にある。言ってみれば、ヨーロッパの食文化の大部分は「どのように肉を食うか」という方法論に尽きるのではないかと思うほどである。

このようなヨーロッパ大陸の状況に比べて、海峡を越えたところにあるイギリスでは、特に若年層を中心に菜食主義者が相当数存在するという。しかし、これは宗教的なものではなく、大別して情緒的なものと健康上の理由との二つの理由に分けられるようだ。

菜食主義になった理由をイギリス人に尋ねると、「子羊が殺されるのがかわいそうだから」といった情緒的な理由が多いのである。これが世界の七つの海を股にかけ、世界中の諸民族を弾圧・虐殺して一大植民地帝国を築いた血なまぐさい人々の末裔かと思うと、少々拍子抜けする。

また、若年層の間には、ダイエットなどの理由や自分の好きな有名人（歌手や俳優）が菜食主義者だからという理由で、自分が菜食主義になる人々もいるらしい。一種のファッションであるが、そういう理由で菜食主義になっても長続きしないのは、これまた世界中で共通らしい。

一方で、イギリスでは虚血性心疾患を患う人が多く、イギリス保険省が肉食の制限・菜食と魚介類の摂取の促進キャンペーンを、以前にやったことも菜食主義の増加に影響しているらしい。

私の知り合いのイギリス人も、私に世界各国の虚血性心疾患罹患率の表を私に見せて、「イギリスは心臓病が多いね。それと比較して日本の心臓病はとても低いね」と言っていた。確かにその表では、先進国の心臓病罹患率トップがイギリス、先進国で罹患率が一番低いのが日本だったのである。

イギリス人と比較して、ヨーロッパ大陸の人々には菜食主義はあまりポピュラーではない。子羊を殺すことを可哀相というより、やむをえないことと考えている理性的かつ現実的な人々が多いからかもしれない。イギリスでは、スーパーマーケットにベジタリアン用の一角があったりするようだが、ヨーロッパ大陸の方では、私がいた当時にはそのようなものは見当たらなかった。

菜食主義者にとっては、むしろ日本に住んでいる方が選択の自由があって暮らしやすいところだと思われる。日本ならコンビニエンス・ストアで、稲荷寿司と河童巻きでも買って食べていれば、一応菜食主義ということになるし、豆腐料理や納豆に漬物とご飯、味噌汁という手もある。

また、ヨーロッパは日本のように急いで簡単に食べられるものが少ない。日本ではすぐ食べられるものの筆頭として、立ち食いそば、ラーメン屋などを始めとして牛丼屋、カレー屋などがある。これらの店では、客に「注文があったら、いかに早くお客の前に出すか」をサービスの良さと考えているのに対し、ヨーロッパの場合はいかにおいしいものをゆったりとした時間の中で提供できるかにプライオリティがあることが多い。

ヨーロッパの場合、日本のように早く食べ物を提供するということにプライオリティがあるのは、フライドポテトやコロッケなどをその場で揚げてくれる「フリッツ屋」くらいのものだ。フリッツ屋は、大人向けというよりも子供がおやつを食べるためにあるような店である。

食べるものを提供する店としては、唯一夜遅くまで営業しているが、客層が高校生くらいなのでなんとなく行きにくいものがあった。特に夜遅くになると、いわゆる不良高校生風の少年少女が店の周りにたむろしていて、さらに行きにくくなる。最近はヨーロッパにも、アメリカ文化の流入によりたくさんのマクドナルドが出来つつあるが、いかんせんファーストフードのレパートリーが少なすぎる。

インド人にとっては、せめてヨーロッパにも日本みたいにレトルトパックのカレーなどがあればいいのだが、オランダではレトルトのカレーどころかカレールーの素すら見当たらない。ただし粉末のカレー粉は売っているので、もしカレーを作りたければ、それに幾つかのスパイスや小麦粉、植物油などを加えて、自分で調合してカレーを作り出すしかない。

サストリー氏の場合、菜食主義の中でももっとも厳格といえる「ビーガン（vegan）」という菜食主義であるので、どのような形であっても、食べるものに動物性の成分が入っていてはならない。スープの成分にも、動物由来のものが入ってはいけないのである。

ヨーロッパでは、スープでさえも植物性の材料だけで作るということはなく、コンソメのように肉からだしをとっている。そしてほとんど全ての料理に、動物性の成分が使われている。したがって、オランダに一人暮らしのサストリー氏は、自分で料理を作らない限り、自分の主義を貫くことが出来ない状況だったようだ。

彼は普段は主としてスーパーマーケットで、生の野菜や豆や米を買ってきて、自分で調理して食べているようだった。彼は炊飯器を持っていないと言っていたので、どうやって米を炊くのか聞いてみたら、炊くのではなくて米を煮ているのだった。

私から見れば、野菜や米や豆だけで毎日過ごして行けるのか不安なところだが、彼にとっては長年の習慣だから、そのこと自体は別に不満はなさそうだった。それよりもオランダでは、本場のスパイスが手に入りにくいので、料理の味付けに関してサストリー氏は、相当不満足のようだった。

サストリー氏の菜食主義については、オランダ人医師も興味のあるところらしく、病院で同僚にさんざん質問を浴びるらしい。おそらく肉食のオランダ人にとっても、

「菜食主義」とはおよそ想像を絶することなのであろう。

そういうわけで、彼を食事に誘おうにも、いろいろ制約があって大変難しいのである。一度彼に日本の食事を食べてもらおうとして、日本料理のレストランに一緒に行ったことがあるのだが、彼は肉類、牛乳、魚介類も食べることが出来ないので、結局、豆腐と御飯しか食べられなかった。

たとえば味噌汁にしても、鰹でだしをとってあると、食べられないのである。昆布だしならば食べても良いのであるが、鰹だしだと、それは広義での動物を使っている料理ということになり、彼の戒律に反するのである。

彼が豆腐を食べる時、私に何度も「これは本当に動物を使っていないのか」と聞いていた。彼は豆腐を食べるのは初めてのことだったので、これが植物性の食物とは思えなかったらしい。サストリー氏は、豆腐のことを最初は魚の白身をつぶして作ったもののように思ったようだ。私は、インド人は豆腐のことを知っていると思い込んでいたので、彼が豆腐を知らないということを知って驚いた。

サストリー氏は、菜食の上に酒もタバコもやらないので（これも戒律の解釈だという）、飲食に相当の制限があり、傍《はた》から見るととても不便な生活のようにみえる。世の中には、インドやイスラム教諸国のように、宗教上の戒律によって食べていいものと悪いものが決められている地域もあり、逆に欧米や東アジアのように、食事に関してのタブーがほとんどない地域もある。つまり食文化には、グローバル・スタンダードなんていうものは存在しないと理解するしかない。

我々日本人は、ともすれば欧米流をグローバル・スタンダードとして受け入れがちであるが、決して欧米流＝世界標準というわけではないということを、サストリー氏と話すことによって再認識できた。

本来、長年の食文化の伝統がある国や地域に対して、外部の人間が何かを食うなと強制するならば、それは文化的な干渉であると思うのだが、実際には欧米諸国から日本に対して「鯨を殺して食うのを止めろ」という圧力が存在する。

もしインド流が世界のスタンダードになったら、少なくとも牛肉は食べられなくなるし、場合によると全ての動物性食材もタブーになるわけで、肉食の欧米人も非常に困ることになる。またイスラム教が世界のスタンダードになった場合は、豚肉を食べることはタブーになるわけである。また中国・韓国流がスタンダードになれば、イヌを食べても何ら非難されるいわれはないということになる。

しかし、どれもスタンダードにはなりそうもない。というか、スタンダードって一体、何なんだと新たな疑問を覚えてしまう。

ところで、サストリー氏と話しているときに気がついたのだが、インド人の英語にはｔｈの発音に特徴があり、例えば三十という数字を発音すると、「ターティ」と言っているように聞こえる。一方、日本人の英語では「サーティ」となってしまいがちであり、その意味でインド人の発音と日本人の発音は対照的である。その後も気をつけてCNNなどを注意して聴いていると、インド・パキスタン系の人々のｔｈの発音は「タ」に近い。これは一種の訛りのようなものだと思うが、彼らの英語自体は流暢かつ大変判りやすい。

二十世紀の国際語であった英語も、英語を使用する人々が世界中に分布するようになった結果、地域によっては土着の言語と融合して、本来の英語とは違うものに変貌していく運命のようだ。特にインド人の英語は将来、本来の英語とはまったく違うものに変化していくだろうとする言語学者の分析もある。

そもそもインドには数十の言語があり、同じインドに住む人でも、意思の疎通ができないことがあるのだという。そのため、インド人の公用語は英語なのである。したがってインド人のインテリは、さすがに意思伝達の手段としての英語の使用には長《た》けている。インドでは、大学の講義も英語でなされるのだから当然とも言える。

日本では大学など高等教育の講義は日本語でなされる。我々はそれを当然のように考えているが、アジア・アフリカ諸国では、自国語にテクニカル・ターム（技術用語）がないため、あるいは前述したように自国内に複数の言語があるために、植民地時代の言語（英語、フランス語など）で講義を行なう場合が多いという。

インドは、実質的なイギリスの植民地支配を、約三百年にわたって受けていた。もともとはインドにも優れた文明があったのだとは思うが、植民地支配を受けていた三百年の間に、世界の科学技術は進歩し、それを表わす技術用語がインド人たちの言葉にはなく、旧宗主国であったイギリスの言葉（つまり英語）を現在でも使用するしかなくなったのである。

それを考えると、日本に西洋文明が入ってきた時に、福沢諭吉などが一生懸命、外来語を日本語に当てはめて単語を考案したことは大変偉大なことである。

例えば「郵便」は福沢諭吉が考案した言葉である。福沢諭吉が考案した言葉の中には、日本から中国に上陸して、中国でも使われるようになったものもあるらしい。日本にある漢字の熟語といえば、全部中国大陸から伝来したというのは誤りで、むしろ日本の文明開化のときに四苦八苦して考案されたものも数多くあるのである。

このように、言葉というものは常に進化し、新しい概念を取り入れていかなければ、そのうちに新しい科学、思想、社会用語を自国語で表わすことが出来なくなってしまうのである。

私からみれば、サストリー氏は、なぜイギリスに留学しないのかと不思議に思った。イギリスならば、サストリーの英語力なら相当高度なコミュニケーションも可能だし、ベジタリアンにも住みやすそうである。しかし、彼は彼なりにイギリスに留学しない相応の理由があるようだった。

「インドは、イギリスに何年間支配されていたのか」と私は彼に一度尋ねたことがある。

「約三百年だ」と彼が言ったときにみせた彼の表情の変化から、私は彼がイギリスに対してどういう感情を持っているのかを知った。イギリスに対してはネガティヴな感情があり、そのため彼はイギリスに留学する気がないのだなということも理解できた。彼の英語による意思伝達はかなり優秀であるが、それとイギリスに対する感情とは別問題なのであろう。逆に彼は私にこう尋ねた。

「ところで、なぜ日本はアメリカと仲がいいんだ？　アメリカは日本に原爆を落として、一般市民を大量に殺したじゃないか？」

この質問は後年、私がアラブ諸国を訪れたときにも私に投げかけられた質問だ。欧米人（ドイツ人を含めて）が日本人にこの質問をすることは絶対にない。原爆投下は戦争終結に必要だったと思っている（またはそう信じたい）からだ。以前、原爆投下に関するアメリカのテレビ番組を見たことがあるが、

「もし原爆投下をしなければ、日本はあくまで戦争を継続し、その結果、日本の東半分はソビエトに占領され、日本人の十人に一人は、シベリアの強制収容所で死ぬことになったであろう。原爆投下により戦争終結が早まり、そのような事態を防止することが出来たのである」とアメリカ人のアナウンサーが真面目に述べていた。

実際、アメリカ人は原爆投下に関してはそういう肯定的な教育を受けているらしい。逆に、非西欧世界の人々は、アメリカの日本に対する原爆投下の真実（死亡者の大半が民間人だったことなど）をよく知っているので驚いた。

ところでインド人には、シーク教徒やイスラム教徒の人もいるが、サストリー氏は

ヒンズー教徒である。私の認識として、ヒンズー教というのは、漠然と仏教の親戚のようなものであると思っていた。実際にはヒンズー教に関して詳しいことは知らなかったので、サストリー氏にヒンズー教について尋ねてみた。すると彼は、ヒンズー教について私に一所懸命、語り始めた。

彼の話を聞いていると、自分が勝手に思いこんでいたのとは違って、ヒンズー教は日本に伝来した仏教とはかなり異なるものなのではないかということがわかった。仏教とヒンズー教の間には、少なくともキリスト教のカトリックとプロテスタントの間以上に相違があるように思われた。

彼は喋《しゃべ》っているうちに興にのってきたらしく、ヒンズーの神々について延々と語ってくれた（ヒンズーには多数の神々がいる）。きっとオランダには、ヒンズー教に興味を持ってくれる人はあまりいないのだろう。久しぶりにそういう話をする相手が出来たのが非常に嬉しかったらしい。

彼はおそらく一時間半から二時間ぐらいは話し続けていたのではないかと思う。私はインド人の医師が、自分ひとりで二時間近くも自分の宗教に関して語るべき内容をもっているということにちょっと驚いた。

また、思いがけないことにサストリー氏は、私にオランダ人の風俗に関するある事実を教えてくれた。

「オランダ人はシャワーを浴びないんだよ」とサストリーは言う。以前にも「オランダ人は風呂に入らない」という話を、在蘭日本人から聞いたことがある。その噂は在蘭日本人には根強く広まっているらしい。私がその在蘭日本人から聞いた話を最初に述べる。

「オランダ人のある老夫婦が二人とも亡くなって、彼らの家が取り壊されることになった。家の取り壊しを、ある日本人が暇つぶしに見ていたのだが、取り壊された家の中には、バスタブどころかシャワー設備すらなかったという。この老夫婦は何十年もこの家に住んでいたのに、風呂やシャワーなしで、どうやって体を清潔に保っていたのだろうか。オランダには銭湯はないのに」

私がこの話を聞いたとき、これは単なる与太話であろうと思った。お風呂が大好きな日本人から見て、オランダ人が風呂に入る頻度が少ないことを揶揄したジョークの類だと思っていた。ところが、サストリー氏は、私にその話と同じようなことを言うのである。

前述のように彼は、私と同じ建物に住んでいるのであるが、私の住んでいる階は、各部屋に浴室がついているのに対し、彼のいる階には個別のシャワーはなく、体育館にあるようなまとまった共同シャワー室が各階にあるのである。したがってその階の住民は、シャワーを浴びるためにはそのシャワー室を使わなければならない。

サストリー氏は、そのシャワー室を毎日使用しているのであるが、一度もオランダ人がシャワー室を使うのを見たことがないという。その階には、マーストリヒトにあるホテル専門学校のオランダ人学生（平均二十歳くらい）が多数住んでいるのにもかかわらずである。もちろん学生たちの部屋にも、シャワーも風呂もない。

サストリー氏からこの話を聞いて、オランダ人がほとんどシャワーを使わないのは、やはり事実なんだなと思った。オランダ人はよっぽどのことがないかぎり、自室でタオルを用いて体を拭く程度で済ませてしまうということらしい。

人種的な新陳代謝の違いや、水を大切にする風土などの理由も考えられるが、日本人としては理解に苦しむところである。ヨーロッパ人の末裔のアメリカ人は、風呂もシャワーも大好きなのに、またオランダ人と人種的に近いドイツ人は、日本人と同様にヨーロッパで唯一温泉を愛する民族なのに……と考えれば考えるほど謎が深まるのである。

私はサストリー氏と話すことによって、日本の文化、ヨーロッパの文化、そしてインドの文化というものがかえって浮き彫りになっていくことを、大変興味深いと思った。私にとってインド人とじっくりと話をするということは、過去には経験のないことであった。

最初は、サストリー氏と世間話をしていても、インド人もヨーロッパ人も日本人とは結局、本質的なことは変わらないのではないかと思っていた。が、そのうちに彼と話せば話すほど、インド人というものが逆に分からなくなってきたのである。

私は、以前に日本で行なわれた国際医学会で、インド人の心臓外科医と知り合いになったことがあった。そのときの印象では、インド人というのはどこか我が道を行くというところがあり、悪く言えばちょっと尊大な印象があった。

サストリー氏には尊大なところはみられないが、ゴーイング・マイ・ウェイのところは多分にある。なぜインド人はわが道を行くように見えるのか、私はサストリー氏を通して知りたいと思った。

週末に一度、私はサストリー氏と日帰りの旅行に行ったことがある。行き先はオランダ東部のオッテルローにあるクレラー・ミュラー美術館だった。クレラー・ミュラー美術館は、ゴッホを始め、印象派の絵画やロダン、ムーアなどの現代彫刻のコレクションで知られていて、私が以前から行ってみたかったところである。一説によると、アムステルダムのゴッホ美術館よりクレラー・ミュラー美術館のほうがゴッホに関しては有名な作品が揃っているという。

交通のアクセスが悪いので、日本人観光客はクレラー・ミュラー美術館にはほとんど行かないらしい。クレラー・ミュラーとは、美術品を所有していた富豪の姓（クレラー）とその夫人の旧姓（ミュラー）からとったものだという。クレラー・ミュラー美術館は、デ・ホーヘ・フェルウェ国立公園という広大な自然保護区の中に建っている。私自身ゴッホの作品群を見てみたいし、サストリー氏がゴッホの作品を見て、どのような感想を持つのかも興味があった。

一九九六年九月六日の朝、私とサストリー氏は、私の住んでいる建物の一階ロビーで待ち合わせ、車に乗ってクレラー・ミュラー美術館を目指して自動車で出発した。アイントホーフェン、スヘルトヘンボス、ネイメヘンという町を通り、アルンヘムまでは順調に到着した。

オランダの町の名前は聞きなれないせいか、変な名前に感じる。映画「遠すぎた橋」で日本人にも知られることとなったアルンヘムだが、街自体は特徴のない中部オランダによくある都市の一つだ。

マーストリヒトからアルンヘムまでは約百七十キロの距離があるが、マーストリヒトに比べてアルンヘムの建物が全体的に新しく感じられるのは、アルンヘムでは昔からあった建物が爆撃等でほとんど破壊されてしまったからだろう。

訪れた日が日曜日だったからと思われるが、街の中心の広場にいるというのに、人の姿というものをほとんど見かけなかった。アルンヘムからデ・ホーヘ・フェルウェ国立公園のあるオッテルローまでは少し道に迷ったものの、なんとか公園の入口にたどり着くことが出来た。

デ・ホーヘ・フェルウェ国立公園の入り口には料金所があり、ちょうど日本のディズニーランドの入り口のように、車に乗ったまま料金所で入園料を支払う形式になっている。料金所に並んでいる車は二、三台しかないのだが、それでも延々と前へ進まない。

というのは、料金所の係員と客とが雑談をしているからである。いかにもオランダらしいのんびりとした光景である。もしここが日本なら、あっという間に後ろに五十台ほど列ができてしまうであろうし、待ちきれずに後ろからホーンを鳴らす輩もきっといるだろう。しかしヨーロッパは日本とは違うのだから、のんびり待つに限る。

しばらく待っていると、とうとう自分の番がきた。どうやら自動車の駐車代と、人数分の入園料をここで払う仕組みになっているようだ。公園の入園料には、クレラー・ミュラー美術館の入館料も含まれているようだ。

料金を払って車を出発させた。料金所の周辺には森林があって、いかにも公園という雰囲気だったのだが、少し車で走ると、いつのまにか森は終わってしまっていて、目の前にあるのは乾いた土と石ころだらけの広大な原野と、たった一本の道路だけという風景である。

このような原野というのは、オランダでは大変珍しい。一見何でもないような原っぱでも、実は牧草地だったり、耕作地だったり、手入れされた芝生だったりするのが、オランダを始めとした西ヨーロッパの一般的な風景なのである。西ヨーロッパで見られる風景は、「あるがままの自然」ではなく、「よく手入れされた自然」なのである。

しかし、ここは本当に何もない荒涼とした岩だらけの原野という風景だったので驚いた。この原野の大きさはおよそ二十キロ四方で、最終氷河期とその一つ前の氷河期により形成された地形であるという。空は真っ青によく晴れていて、九月の太陽は決して弱くなく、むしろ紫外線の量は日本よりも多いのではないかと思うほどであった。

事実、旅行から帰った後でマーストリヒトの同僚から、「日焼けしたな。週末にどこか旅行に行ったのか」と言われたほどであった。上から直接浴びる紫外線に加えて、砂漠のような乾いた原野が反射する紫外線の量も相当なものがあったらしく、スキー場における雪焼けのような状態になったらしいのである。この公園には、季節によっては鹿などの野生動物も観察できるという。

料金所から五キロほど淡々と原野を走るとふたたび森林が現われ、その森林に入ってすぐのところに、やや大きな平べったい建物が見えた。近寄っていくと、どうやらそれが我々の目指すクレラー・ミュラー美術館のようだった。

前述のとおりクレラーとミュラーはドイツ人の富豪夫妻であり、美術品の有名なコレクターであったという。彼らは最後には破産したのであるが、彼らが破産したときに競売にかけられるはずの膨大な美術品のコレクションは、オランダ政府によりまとめて買収され、美術品の散逸はかろうじて避けられたという。この美術品がクレラー・ミュラー美術館のコレクションの基本を形成している。

美術館の建物は、とても現代的な設計だった。ヨーロッパ、特にオランダやベルギーの人たちは、市街地の街並は大変クラシックなのに対し、いざ新しく会議場とか美術館とかを作るとなると、とんでもなくモダンな感覚の建物を作ってしまう傾向があり、そのギャップが私にはいつも奇異に感じられる。

ヨーロッパでは、市街地の建物に関してはそれが居住用でも商業用でもかなり厳しい規制があり、周囲との調和のない建物は許可されないことが普通である。オランダやベルギーの人々にとっては、普段はいろいろな規制でクラシックな建物に住まなければならないのだから、公共の新建造物を作るときくらい、思い切って斬新な建物を造ってみたいという考えが根底にあるのかもしれない。

美術館の入り口の前方には、現代美術の大きなオブジェがあった。現代美術というのは、自分でも作ろうと思えば作れそうなところが何とも身近に感じられていいものである。

クレラー・ミュラー美術館の館内では、日本でもよく知られている印象派の作品を多数鑑賞することが出来た。ゴッホの作品も見ごたえがあった。「夜のカフェテラス」

「ひまわり」「郵便配達夫」「アルルのハネ橋」「糸杉」などを鑑賞した。

館内には、ゴッホばかりではなくルノワール、ミレー、セザンヌ、ピカソ、モンドリアンなどもあった。クレラーとミュラーは破産したとはいえ、よく個人でここまでコレクションしたものである。

美術館の中にある作品の中で、私が一番気に入ったのは、ゴッホの「夜のカフェテラス」である。この絵には、南フランスの都市のどこにでもありそうな夜のカフェテラスの雰囲気が良く表われている。

よく晴れた夜空、ちょっぴり風が吹いて、広場に面したカフェのテントはかすかに揺れているようだ。夜空には一面に星がきらきら光っている。まだ宵の口なのか、カフェの席には客がまばらに座っていて、白い服を着たギャルソンが客の注文をとっている。石畳の舗道には、これから夜を楽しもうとでもいうのだろうか、コートを着た人が三々五々歩いている。

オランダに生まれ、南フランスに移り住んだゴッホらしい作品であり、南フランスの夜の断面を見事にビジュアライズした素晴らしい作品だと思う。

他には「糸杉」も、製作当時のゴッホの心象風景を見るようで大変興味深かった。

ガイドブックには、ゴッホの作品二百七十八点収蔵とあったが、実際には非公開のものもあったようで、それほど多くの作品は見られるわけではなかった。しかしながら、絵葉書やカレンダーなどで、誰でも一度はどこかで見たことのある絵画の本物を自分の目でみることができるので、大変貴重な経験をした。確かにアムステルダムにあるゴッホ美術館よりも、作品の質は高いように見受けられた。

途中で、美術館内のカフェテリアで軽食を取った。美術館のカフェテリアは、どこもみな同じような雰囲気を持っている。客の発揚性気分の表われであろうザワザワした雑踏と、食器の触れ合うカチャカチャという音が壁に反響する音のみが記憶に残っている。

なぜ、美術館内のカフェテリアというのは、どこも同じような印象を受けるのだろうか。ここで軽食を食べたのだが、味はまったく記憶に残っていない。カフェテリアの窓からは、美術館に付属する庭園と、その庭園を散歩する人々が見えていた。

軽食を食べた後、ひととおり美術館を一周した。最初に思ったとおり、アムステルダムのゴッホ美術館よりも、心の琴線に触れる絵が多いのが驚きだった。

クレラー・ミュラー美術館の館内は、ヨーロッパの基準でいうとかなり混んでいたが、日本の美術館の超混雑ぶりから比較すると、とても空いているといえる。立ち止まって絵画を見ていても、後ろからせかされるように押されることなどはまったくない。もしそうしたければ、何時間でも見ていられるし、有名な絵の近くには椅子やソファーがあって、座りながらでも見ることができる。

ひととおり作品を見終わったあとで、私はサストリー氏が、この美術館に対してどのような感想を持っているのか聞いてみることにした。

「どうだった」と私が聞くと、

「良かったよ」とサストリー氏は、大して気のなさそうな表情で答えた。

「ゴッホの絵は日本でも有名なんだよ」と私が言うと、

「ああ、そうなの」といったそっけない応答である。内心、私は「やっぱりゴッホの絵は素晴らしいね」とか「フランスの代表的な印象派の作品が、この美術館には揃っているね」という類の言葉を期待していたのであるが、サストリー氏は、そういうコメントは一切口にしなかった。彼は相当のインテリだということは彼と話せばすぐ判るのだが、私は彼と話していて、彼には西洋の絵画や音楽に関する関心がまったくないか、あるいはまったくそれらに関心のないふりをしているかのどちらかではないかと、薄々と感じるようになっていた。

ここまで考えたときに、以前知り合ったインド人の心臓外科医がなぜ尊大に見えたかの理由もなんとなく判ったような気がした。その心臓外科医も、同様に異文化には大して関心を払っていないように見えたのである。サストリー氏も医者であるから、医学に関しては素直にアメリカやヨーロッパの優位性を認めているし、だからこそヨーロッパに留学してきているのである。

しかし、サストリー氏や以前知り合ったインド人の心臓外科医を含め、インド人のインテリは基本的にはインド文化が最高であると認識し、他の文化圏に対しては比較的ケアレス、つまり敬意を払っていないのではないだろうかと考えた。

以前にサストリー氏は、「アメリカの映画はつまらない。暴力とセックスだけだ。インドの映画はミュージカルあり、笑いあり、人生訓ありの盛りだくさんの内容で、見ていて楽しい」と言っていた。映画はインドの国民的娯楽のひとつなのだというが、おそらくサストリー氏は、絵画や彫刻などの美術や音楽に関しても、インドの伝統的なものに最大限の敬意と関心を払っているのではないかと思われた。

独自の文化をもち、それを尊重する教育を受けたであろうサストリー氏にとっては、インド文化が最高であり、異文化に対しては排除したい気持ちになりがちということもあるのであろう。

しかし、せっかくヨーロッパに来ていながら、サストリー氏がヨーロッパの芸術に関心を持たないのは、私から見ればもったいないような気がした。しかし、これは異なる文明同士では決して珍しくない反応だともいえる。

中国人はどこに行っても結局、中華街を形成するし、イスラムの人々もアラブ人街を形成する。日本人だって、ロンドンやデュッセルドルフ（ドイツ）やロサンゼルスに日本人街を形成している。外国で自分だけで社会的に自立してやっていける人は、真のコスモポリタンであるといえるが、その数は本当に少ないだろう。例えばニューヨークに住みながらも、実は日本を向いた活動をしている芸術家などはコスモポリタンとはいえないと思う。

ところでハーバード大学のハンチントン教授は、一九九三年、現代の主要文明を西欧、イスラム、中華、日本など八つの文明に分類した。彼の分類によると、世界の大陸を覆うように広がる他文明の中に、インド文明と日本文明が孤立したように存在する。

ハンチントン教授の分類によれば、日本文明はアジアの他の部分とは違う独立した文明であり、また他の文明とは違って一民族一文明なのである。その点、何十もの民族で一文明を形成するインド文明とも異なるところがある。確かにヨーロッパから帰ってきた今となっては、ハンチントン教授の説も尤《もっと》もだと頷《うなず》けるものがある。

ヨーロッパ人は、ドイツ人もフランス人もイタリア人も大きな意味では文化的に相違がない。宗教、祖先、行動規範、伝統的生活様式、習慣やマナーなどは、ヨーロッパ人同士が細かい差異を主張しても所詮、大同小異に過ぎない。だからこそヨーロッパ人はEU（ヨーロッパ共同体）を作り、通貨を共通化し、お互いの国境を開放しようという発想ができたのである。

ヨーロッパにおける通貨の共通化が将来的にうまくいくかはまた別の問題だが、そういう発想ができて、それを実際にやってしまうあたりは、やはりヨーロッパの人々の底に流れているものは一つであると強く感じる。なぜならば、心理的、生理的に肌に合わない連中とは、国家主権そのものである経済や外交を統合したいとは思わないだろうから。

例えばトルコはEU加盟を強く希望しているが、それに対するヨーロッパ諸国の反応は非常に冷たいものである。むしろつい最近まで鉄のカーテンの向こう側だったポーランドやチェコの方が、将来はEUに加盟できる可能性が高いし、それどころか地中海に浮かぶギリシア系の南キプロスまでがEU加入を検討されているのである。

ところが、NATO加盟国として長い間、西側と同盟を組んでいるトルコは、EU加盟に関してはヨーロッパ諸国からほとんど無視されている。トルコはケマル・アタチュルクのもとに、明治維新のような近代化を成し遂げたにもかかわらず、ヨーロッパ人は自分の文明とトルコ人の文明が異なるので、一緒になりたくないという想いがヨーロッパ人の深層心理の中にあるのだろう。

ところで、日本人の文化は欧米人とは明らかに違う。明治維新のとき、日本は西欧のような近代化した国を目指した。しかしその結果、日本は非西欧の中で最初に近代化することが出来たが、西欧化はしなかった。つまり日本と西欧では、祖先も宗教も伝統的生活様式も違うので、日本は近代化しても西欧文明に同一化したわけではなかった。かといって、日本の文化は他のアジアの国、例えば中国や韓国とも違うようだ。

ハンチントン教授によれば、中国、韓国・北朝鮮やベトナムはひとつの文明圏であるという。それらの国では、父系社会、祖先崇拝、夫婦別姓などの儒教的色彩が強く、中国が世界の中心でその辺縁に住むのは蛮族という思想（いわゆる中華思想）や朝貢文化がみられる。

その発想でいくと、中国が父、朝鮮が兄、日本は弟という序列になる。また周辺国のことを倭（小さくて曲がっているという意味）としたり、蒙古（古くて馬鹿という意味）とよんだりするのも中華思想のなせる技である。

また、日本の文化はインドとも違うし、ロシアともラテンアメリカともイスラムとも違う。「文化の総体が文明である」と定義（ハンチントン教授はそう定義している）すると、「日本は日本だけで一文明」という仮説もおおむね納得できるものがある。

もしこのようなハンチントン教授の説が正しいとすれば、日本の将来は今までと同様にこれからも大変だと思う。そして私は彼の説は、真実の一面を突いていると思っている。少なくとも「西欧」対「非西欧」とか、「キリスト教世界」対「イスラム教世界」といった二元論よりも、ハンチントン教授の「文明の衝突」論の方が世界の現状をわかりやすく説明できると思う。それでは、なぜ日本が今までと同様に将来も大変なのか以下に述べる。

ハンチントン教授は、「文明は衝突する」と主張する。彼によれば、冷戦終結後の世界では、イデオロギーではなく文明間の衝突が国際関係を動かすという。東アジアには世界の主要八文明のうち六つが存在し、それぞれの文明には境界線が存在する。その文明間の境界線を断層線《フォルトライン》と呼ぶ。その断層線《フォルトライン》では、文明間の深刻な摩擦が生じる可能性があるという。

もしハンチントン教授のいうように、「日本は一国で一文明」ならばそれはどういうことを意味するか。つまり日本は断層線《フォルトライン》に囲まれている国ということになる（日本の西には中華文明があるが、東や南に眼を転じると、グアム・ハワイ・ミッドウェイなどはアメリカであり、日本の東の隣国はアメリカである）。

「異なった文明はその辺縁で衝突する」ならば、日本と周辺諸国は「文明の衝突」を起こす可能性が常にあることになる。

「文明の衝突」とは、決してイスラエルとアラブのように派手に闘うばかりがその姿ではない。国家対テロ組織の構図もありうるし、過去の歴史や商品の瑕疵をめぐって他国政府や他国企業を高額な賠償金を目的として訴える裁判戦術や、高関税や報復的輸入禁止などの方法による経済封鎖、「日本人は鯨を食うのを止めろ」などの情緒的戦術もある。これらは何も机上の空論ではなく、日本が歴史上すでに経験していることである。

日本においては国家対テロ組織の構図は、（文明の衝突ではないが）オウム真理教の例があるし、国際訴訟戦術は日本の歴史上の問題や日本の自動車メーカー・家電メーカーの商品に対して高額な訴訟を起こされている案件が現実に存在する。

経済封鎖に関しては有名なＡＢＣＤ包囲陣（アメリカ、英国、中国、オランダによる経済封鎖）を経験しているし、情緒的戦術としては「黄禍論（一九二〇年代に唱えられた黄色人種が世界の災いのもとであるという説）」を経験している。

今後、何もなければもちろんそれに越したことはないのだが、過去におきた「文明の衝突」を考察した上で、将来起きるかもしれない「文明の衝突」を想定し、もしもの事態に対処する方針を考えておくのは大変意義のあることであると考える。

ところで、こういった「文明の衝突」に対処するためには、具体的にどういう方法があるのだろうか。平安時代のように日々平和を祈念し、具体的には何もせず、その結果、鎌倉時代になって元（モンゴル）の襲来を受けるか、江戸時代のように、ひたすら鎖国をしてアメリカに開国を迫られるか、明治維新から昭和二十年までの時代のように、攻撃的に防御して最終的に破綻するか……あるいはそうならないように、それ以外の第四、第五の選択をするか、知恵を絞って考えていかなくてはならないのである。

「歴史は繰り返す」という。中華文明（中国・韓国・北朝鮮）の人々は、「日本人は歴史に学ばない。もっと歴史に学べ」というそうである。中華文明の方々の日本人への忠告は、もしかしたら別の政治的意図があるのかもしれないが、「日本人が歴史に学ばない」というのは本当のことであると思う。

考えてみれば、日本の繁栄も衰退も、みんな歴史の本を紐解けば理解できる。歴史上ずっと繁栄し続けている国なんてあり得ない。ローマ帝国もベネチア共和国もモンゴルの興隆も、みんな地球そのものの歴史からみれば一瞬の出来事といってもいい。

けれども、西ローマ帝国のように、あっという間に滅びてしまった国もあれば、東ローマ帝国のように、西ローマ帝国の崩壊後も一千年以上持ちこたえた国もある。適切に柔軟に対処すれば、国の寿命なんか一千年くらいは延命できるとせめて前向きに考えたい。

美術館への旅行から帰ってしばらくして、サストリー氏が予定より早くインドに帰ることになったということを本人から聞いた。

「もう学ぶべきことがなくなったから、予定を切り上げて早くインドに帰ることにした」とサストリー氏は私に言った。私は彼が予定より早くインドに帰ることにしたのは、ヨーロッパの生活様式や風土に馴染《なじ》めなかったからではないかと考えた。彼が学問的成果を挙げるには、彼のオランダ滞在の期間は少々短すぎると思ったからである。

サストリー氏のことを知っていた私の同僚の医師も、「あのインド人ドクターが予定よりも早くインドに帰るのも無理はない。彼とヨーロッパ人の生活習慣は違いすぎる」と私の意見と同様のことを言っていた。それほどに文化・文明の違いとは、一見乗り越えられそうにも思えるが、実はとても深い溝のようなものなのである。

サストリー氏と私とはほんの短い付き合いだったが、彼からは「食べる」文化の違いから始まり、色々なことを学んだ。ヨーロッパに来てインド人と知り合い、インド人を通して日本・インド・ヨーロッパの文化・文明の相違を対照的に考察するというのも、今となってはなかなか得がたい経験だった。

結局、サストリー氏の西欧文明に対する態度は、「我々はあなた方と同様に近代化する。しかし、決してあなた方のようにはならない」ということを、確固たる決意で表現していたのではないかと最後に私は思い至ったのである。

【ベルギー篇】第六話「二つの名前」――ゲント

ベルギーという国は、日本ではあまり良く知られていない国である。しかし訪れてみると、この国ほど変化に富んでいて、奥行きの深い国はないのではないかと思わせる。ベルギーの首都ブリュッセルから五十キロメートルのところに、ゲントという都市があるが、今回はこのゲントを題材にして、現代ベルギーの姿を浮き彫りにしていく。

中世の秋

ゲントというベルギーの街の名は、ヨーロッパではかなり有名である。その理由は、ゲントには中世においてフランドル伯領の首都として、また毛織物の生産・集積地として非常に繁栄した時代があったということがある。もともとゲントは、フランス方面を源流とする二つの川（スヘルデ川とレイエ川）が合流する場所であり、合流した川はゲントを通ったあとアントワープを経て北海に注いでいる。

古代ローマ時代、低湿地帯ばかりであったこの地方のなかで、現在のゲントのある辺りだけは、唯一居住に適する場所であったといわれ、現在の聖バーフ寺院のあるあたりにすでに古代ローマ人が定住していた。「合流」のことをケルト語で「ガンダ」といい、それがゲントの地名の由来であるという。

中世になると、ゲントには縦横に運河が張り巡らされ、運河と河川を介した海外との貿易によりゲント市民は大変に裕福となった。裕福な市民の経済力を背景にして、市内には本格的なカリヨンが備えられた高い鐘楼や、聖バーフ大聖堂や聖ニコラス教会に代表される壮大な教会建築や、各種職人組合のギルドハウスなどが建てられた。

ゲントを訪れた人は、運河、教会、市庁舎、鐘楼、ギルドハウス、大きな広場に面した古い街並みなどオランダ・ベルギー（元々は一つの地域）のエッセンスともいうべき街のたたずまいを全部見ることが出来るのである。

また、ゲントの聖バーフ大聖堂を訪れた人は十五世紀フランドル絵画の最高傑作ともいわれるファン・エイク兄弟の絵画「神秘の子羊」が鑑賞できるので、美術に興味のある見学者も絶えることがない。さらにゲントは古い大学のある街としても知られ、現在のゲント（人口二十一万人）には三万人以上の大学生がいるという。

ベルギーには中世の街並が残っている都市は少なくないが、ゲントは特にヨーロッパ中世の雰囲気が色濃く残っている街である。オランダ生まれの歴史家ヨハン・ホイジンガは「中世の秋」という著作のなかで、ブルゴーニュ公国時代のネーデルランド（現在のベルギーとオランダ）の繁栄（と衰退）を活き活きと描写したが、ここゲントはまさにその「中世の秋」の世界が現代にそのまま残っているような都市である。

一般的に日本では、「中世ヨーロッパの街並み」という点ではゲントと同様、ベルギーにあるブルージュの方が有名である。しかし、ブルージュとゲントの両方を訪れてみたが、ブルージュの方はかなり観光化に力を入れている町という印象だった。ゲントよりも北海寄りに位置するブルージュは、日本からの観光客が多い街としても知られる。

ブルージュの全体の印象は、日本でさかんに持ち上げられているほどのものはなく、観光ずれした都市という印象であった。むしろ中世ヨーロッパの繁栄を感じたければ、ブルージュではなくゲントに行くことをお勧めする。

ところでマーストリヒトからゲントまでは、ブリュッセルを経由しても、アントワープを経由しても約百七十キロメートルの道のりである。今回私はブリュッセル経由でゲントへと向かった。マーストリヒトからブリュッセルまでは約百二十キロメートルで、さらに五十キロメートルほど西へ進むとゲントに到達する。私がゲントを訪れたのは、どんよりと曇った十一月の初旬、晩秋を感じさせる日の午後のことだった。

オランダのマーストリヒトとベルギーのゲントはほぼ同じ緯度にあり、マーストリヒトからゲントへは、ほぼ真西に進んで行くことになる。マーストリヒトから、二時間ちょっとでゲントの中心部に到着することができた。マーストリヒトを出発したのが午後二時過ぎで、ゲントに到着したのは午後四時半頃だった。

晩秋のヨーロッパでは、午後四時を過ぎればそろそろ日が陰りはじめ、五時を過ぎればもう相当暗くなってしまう。あまり暗くなると道に迷う可能性が高くなるので、初めての都市に行くにはぎりぎりの時間帯だった。

ゲントで宿泊したホテルは「ノボテル・ゲント・セントゥルム」というところで、ゲントのほぼ中心にあるエミレ・ブラウン広場という広場に面して立っており、ホテルの左隣には市庁舎があった。ホテルの右隣には聖ニクラース教会という大きな教会があった。車はエミレ・ブラウン広場に止めたが、週末だったからか一晩止めておいてもとくに駐車料金を徴収されるということはなかった。

ノボテルはヨーロッパのたいていの主要都市にあるフランス資本のホテルである。グレードからいうと中級で、部屋はとくべつ豪華ではないが清潔感があり、必ずホテル内にレストランがあって便利なので、私がヨーロッパの都市めぐりをするときにしばしば利用したホテル・チェーンである。

ゲントのノボテルの入り口は、普通の建物と同じぐらいの間口しかない。ヨーロッパの古い都市の旧市街にあるホテルは大抵そうであるが、どうやらこのホテルも他の目的で建てられた建物を現在はホテルとして使用しているものであるようだった。

ホテルにチェックインして部屋に荷物を置くと、とにかく街を歩いてみようと思った。もう夕闇は相当濃くなっていたが、立地がいいので、ホテルの外に出ると、そこはもうゲントの街の中心部である。出発前の二、三日はかなり冷え込んでいたので、ゲントもさぞかし寒いだろうと思い、ブリュッセルの空港で買った暖かいオーバーを用意していったのだが、その日のゲントは晩秋の夕方だというのに拍子抜けするほど寒くなかった。

まずは市庁舎前にある石畳の広場を歩いてみた。広場を歩く私の脇を、路面電車が音を立てて走っていった。夕暮れ時ということもあってか、路面電車には割合多くの人が乗っていた。広場に面した道路に夕暮れに映える照明の店があったので、なんだろうと近寄ってみたらチョコレート屋だった。

ベルギーは有名なゴディバをはじめとした美味しいチョコレートの本場であり、街中にある名もないチョコレート屋さんでもびっくりするほどおいしいことがある。また旅先では精力的に歩き回るので、そういうときにチョコレートがあると手軽なカロリー補給源としても重宝する。そこでも試しにチョコレートを買って食べてみたが、やはりおいしかった。

広場には十九世紀末に建てられた劇場があり、夕闇のなかで劇場のロビーが明るくて眩しかったのを覚えている。さらに南東に進んで通称「魔王ゲラルド城」を見に行った。ゲラルド城は、周囲に一応堀がありいかにも中世の城という感じだったが、思っていたよりこじんまりしていた。

そのあといったん街の中心部の方に戻り、聖ミヘエル橋という橋を渡ってグラスレイに行ってみた。グラスレイとは、ゲントのもっとも繁栄した時代に草を積みおろした運河の船着場のことである。グラスレイには、運河に沿って十二世紀から十七世紀に建てられた三角屋根で独特の破風《はふ》を持つギルドハウスが建ち並んでいる。

聖ミヘエル橋を渡ると、運河の対岸にそれらギルドハウス群が一望できる。ギルドハウスが一つだけではなく競い合ったように並んで建てられているところが、いかにも中世の街並みらしく感じられる。

というのは、中世の街には防衛上の理由から必ず城壁が存在し、重要な建物は全て城壁内部にあったため、都市は現在考えられるよりもかなり過密に建てられていたからである。夕闇のなか、運河を挟んでギルドハウスが建ち並ぶ光景は、きっと中世の頃からそんなに変わってはいないのではないかと思われた。

夕食はボーテルマルクト十番地というところにある「セントラル・オー・パリ」というレストランでとった。レストランの名前は「パリの中心」ということであろうから、このお店はフランス料理店なのであろう。

特に予約はせずにお店に入ってみると、思ったよりもこじんまりしていて五つほどのテーブルがある小さなレストランであった。いかにもフラマン人（オランダ語を話すベルギー人）といった感じの、銀に近い金髪で灰色がかった青い目をした五十歳くらいのマダムが迎えてくれた。ここはオーナーシェフとその奥さんでやっている家庭的な店なのであろうと思われた。

すでに先客が二組ほどいて、料理とワインを囲んで談笑していた。料理はどれもバターを豊富に使った相当こってりしたものだった。ちなみにこのレストランの住所である「ボーテルマルクト」とは、オランダ語で「バター市場」という意味である。バター市場にあるレストランであるからバターを豊富に使うわけではないだろうが、最近はフランスでも料理はむしろもっとさっぱりしたものが好まれることが多いので意外な気もした。

ところで、ゲントの郷土料理として「ワーテルゾーイ・ファン・キップ」というのがあるが、これは鳥のクリームスープのことである。このレストランでは「ワーテルゾーイ」は食べなかったが、私がブリュッセルで食べた「ワーテルゾーイ」は、クリームがこってり入っていた。どうやら冬の気候が厳しい土地柄だけあって、ゲントではこってりとバターを使った料理が好まれるようだ。

ちなみに後で調べてみたら、この店はミシュランには載っているが星は付いていなかった。私自身はもっとさっぱりした料理のほうが好みなのだが、こういう街の中心のレストランで、窓から街を行く人々を眺めながら食事をするのも悪くないと思った。

ゲントには古い大学があるだけのことはあって、私がゲントに泊まった日は、夜中まで学生が街の広場で大騒ぎをしており、夜の十二時を過ぎても時たま学生たちの歓声が湧き上がり、しばしば眠りを妨げられるほどだった。しかし、このような光景はマーストリヒトやドイツのゲッティンゲンなど学生の多い街ではお馴染みのものではある。

もともとゲントの市民は独立心が強くて権力に従うことを好まない気風があるというが、そういう土地柄にあるゲント大学の学生も酒が入ると、かなり陽気で騒々しくなるようだ。街の中心にあるホテルに宿泊したので、そういった街の雰囲気も身近に感じることが出来てよかった。

翌日、中世フランドル絵画の傑作、「神秘の子羊」を鑑賞するために聖バーフ大聖堂に行ってみた。「神秘の子羊」は二十四枚の絵画が組み合わされているもので、全体としては「キリストの犠牲による人間の救いと聖化の天国における賛美」を表わしているという（大聖堂の日本語案内文より）。

まだ絵画の技法上において遠近法が取り入れられていない時代であるので、全体的な構図には多少の無理があるが、二十四枚の絵の細密な描写は、一目見て見事なものだなと感じる。

二十四枚の絵の中の中心部下段に位置する絵が最も重要な部分であり、そこには背筋をピンと伸ばした子羊が描かれている。この子羊は「キリスト」を表わしているという。細かくはこの絵は、「救済の主要人物」「子羊の礼拝」「救済の預言」「お告げ」「寄進者たち」という部分に分かれていて、それぞれに描かれた人物たちが四方から「子羊」に近づいていくという構成になっているという。

写真1　グラーフェンステーン（絵葉書より）。通称フランドル伯の居城

ゲントの北のはずれには通称「フランドル伯の居城」と呼ばれるグラーフェンステーンという城がある。グラーフェンステーンは、周囲を運河で囲まれ、分厚い城壁を

巡らせた石造りの城である（写真1）。もともとは十二世紀に建造されたものだが、建造を指示した伯爵は、十字軍遠征に赴いて城の完成をみることなくパレスチナでその生涯を終えたという。この城は二十世紀になって、十字軍がアラビアに築城した戦闘用の城を参考にして復元されたものである。

グラーフェンステーンに上ると、ゲントの市街が一望できる。グラーフェンステーンから南の方向をみると、眼下には四角い広場がみえる（写真2）。この広場はシント・フェーレ広場と呼ばれている。

写真2　グラーフェンステーンから見たシント・フェーレ広場。写真右隅が「魚市場の建物」

その広場に沿って魚市場の建物や現在ではレストランになっている建物がある。魚市場の建物には屋根に海神（ネプチューン）のレリーフがみられる。魚市場の建物の向こうには肉市場の建物がみえる。肉市場の建物は、魚市場の二倍以上の大きさがあり、ゲントでは肉と魚のどちらが大量に流通していたかが自ずとわかる。

肉市場のさらに向こうには、向かって左から聖バーフ大聖堂、鐘楼、聖ニクラース教会がそびえ立っているのを見渡すことが出来る（写真3）。

写真3　グラーフェンステーンからの眺望。左から聖バーフ大聖堂、鐘楼、聖ニクラース教会

城があり、教会があり、広場があり、運河があり、ギルドハウスがある。ゲントではまさに典型的な中世都市を見ることができた。

都市の呼び方

ところで、ここで少し話題を変えて皆さんに次の質問をしてみようと思う。それは、「ベルギー人の母国語は何か?」ということである。

意外と知られていないが、その答えはオランダ語とフランス語である(註1)。ベルギーはオランダ語を話す人々(註2)と、フランス語を話す人々によって形成されている国である。しかしながら、フランス語を話す人々とオランダ語を話す人々が住む地域は、はっきりと分かれている。つまり、フランス語を話す一家の隣にオランダ語を話す一家が住んでいることはない(註3)。

前述のとおり、ベルギーにはオランダ語系住民と、フランス語系住民がいる。そしてベルギーの主要な都市にはそれぞれオランダ語とフランス語の別々の名前がある。そこが日本人には直感的に理解できないところである。

例えば、オランダ語圏のゲントのことをフランス語圏の人々はガンと呼ぶ。日本でも有名なブルージュはフランス語圏の呼び名であり、オランダ語圏ではブルッへと呼ばれている。ブルージュに住んでいるのは、実際にはオランダ語系住民なので、地元での呼び方はブルージュではなく、ブルッへである。つまり、ブルッへの人々は自分たちの呼び方ではないブルージュという呼び方で世界にその街を知られているのである。

さらに例をあげると、アントワープ（これは英語）はフランス語圏ではアンヴェール、オランダ語圏ではアントウェルペンと呼ぶ。フランス語圏にあるリエージュのことをオランダ語圏の住民はラウクと呼ぶ。フランス語圏のナミュールはオランダ語圏ではナーメンと呼ぶ。もっと極端なのはフランス語圏のモンスで、この都市のことをオランダ語圏ではベルゲンと呼ぶ。

さらに極端なのは（ベルギーではないが）、ドイツのアーヘンである。この都市のことをフランス語圏の人々はエクス・ラ・シャペルという。こんなに呼び方が異なるのでは、知らなければ別の町だと誤解してもおかしくはない。事情を良く知らない旅行者にとっては、道路標示で混乱することもある。

私自身、マーストリヒトに住んでいて道路標識にある「LUIK（ラウク）」という表示をみて、まさか「LIEGE（リエージュ）」のことだとは気が付かず、どこかに私の知らない「LUIK」という街があるのだと長い間思っていた。

（註1）　ベルギーにはごく少数だが、ドイツ語系の住民も存在する（約六万人）。彼ら

は、第二次大戦以後にドイツ領からベルギー領に編入された地域の住民である（例：オイペン）。

（註2）オランダ語を話すベルギー人は、自分たちの言葉を「フランデレン語」と称しているが、オランダ語とフランデレン語はイギリス英語とアメリカ英語程度の違いしかないので、この文では一括してオランダ語として表現した。

（註3）例外は首都のブリュッセルだけである。ブリュッセルだけは二ヵ国語系の住民が混在した都市である。

言語境界線

ところで、なぜフランス語を話す人々とオランダ語を話す人々は別々の場所に住んでいるのだろうか。それはヨーロッパには「言語境界線」というものが明確に存在するからである。

「言語境界線」とは、ヨーロッパの二大言語（ゲルマン諸語とロマンス諸語）を話す人々の境界を示すものである。

ヨーロッパの言語は大きく分けて、ゲルマン諸語とロマンス諸語に分けられる。ゲルマン諸語とはドイツ語、オランダ語、英語、デンマーク語、スウェーデン語などで、

図1　ベルギーの言語境界線

ロマンス諸語とはフランス語、イタリア語、スペイン語、ポルトガル語、ルーマニア語などである。この言語境界線はオーストリアとイタリアの国境周辺から始まり、スイスを分断しドイツとフランスの国境近くのアルザス地方を通ってルクセンブルグを通り、さらにベルギーを分断して北海に抜け、ヨーロッパを大きく二分している。

この言語境界線がベルギーの東西をほぼ一直線に通っているのである（図1）。ベルギーの場合、境界線の南側にはフランス語を話す人々が住み、北側にはオランダ語を住む人々が住んでいる。

境界線といっても実際に線が引いてあるわけではないが、住民にとってはいわゆる「見えない壁」になっている。実際、言語境界線付近に住むフランス語圏住民とオランダ語圏住民は、お互いの家がたった三百メートルしか離れていなくても、一生口をきかないで過ごすこともあるという。

当事者たちにとってはどうやら物理的に行ける（可能）のと、実際に行く（実行）との間にはかなりの乖離があるらしい。おそらく歴史上のことも考えると、お互いの交流がないのは「言葉が通じない」からというような単純な理由ではないようである。

ベルギーの言語境界線周囲では、フランス語系住民とオランダ語系住民の間に常に小競り合い程度の紛争がある場所もあり、この地域で起こるトラブルは、「言語戦争」とか「言語紛争」と呼ばれている。

ところで、ベルギーという国はオランダから独立したのだが、そもそもオランダ語系のベルギー人は、なぜ同じオランダ語を話すオランダから独立したのかも日本人にはわかりにくいところである。

もともとオランダとベルギーはネーデルランドという一つの国だったが、一八三〇年にベルギーはネーデルランドから独立した。その理由は主としてカトリックを信仰していた南ネーデルランドの人々が、プロテスタント主体のネーデルランド（いわゆるオランダ）から独立したと考えればわかりやすい。

つまりオランダ語系ベルギー人は、自分たちと同じ言語（オランダ語）を話すが宗教の異なるオランダの人々よりも、言語（フランス語）は違うが同じ宗教（カトリック）を信仰している人々とともに、オランダから独立する道を選択したのである。

ちなみに、ベルギーという国名は古代ローマ帝国の有名な軍人、ユリウス・カエサルがこの地域を征服したときに、この辺りに居住していたベルガエ人にちなんで命名した属州の名「ベルギカ」に由来するものであるという。

しかし、ベルギーは実際にオランダから独立してみると、今度はベルギーの南と北の住民の話す言語（オランダ語とフランス語）が異なることが大変な問題になったわけである。

ベルギーの独立当初、憲法において「言語の自由」が宣言されながらも、その政治・行政はもっぱらフランス語系住民の手によって行なわれた。その結果、ベルギー政府の布告や国内裁判の判決なども事実上全てフランス語でなされたのだが、大部分のオランダ語系住民は（フランス語を話すことの出来る一部のブルジョワジーを除いて）、自らの政府の役人の言っていることが全く理解できなかったという。

当然のことながら、オランダ語系住民はそれに反発し、「フランデレン運動」を開始した。この運動は、ベルギーの公用語としてオランダ語使用を広く認めよという運動である。なにしろベルギー人の中でオランダ語を話す人々の数は、フランス語を話す人々よりも多かったのであるから、この運動はある意味当然だったともいえる。ゲントはその運動の発祥の地である。

長期にわたる言語紛争の結果、独立から百六十年以上経った一九九三年に憲法改正が施行され、現在のベルギー政府はフランデレン政府（オランダ語を話す人々の地域の政府）とワロニー政府（フランス語を話す人々の政府）、それからブリュッセル首都圏地域政府に分割された。つまり現在のベルギーは、政府が三つある連邦国家なのである。

そんなにまでして、ベルギーはなぜ一つの国のままでいるのか、そこのところも日本人にはわかりにくい。そこまでするのなら、いっそ思い切りよくチェコとスロバキアのように別々の国になったらとも思うのであるが、そうはならないところがベルギーの不思議なところであるといえる。

もちろん私自身は言語戦争の当事者ではなく、ヨーロッパ人ですらないので余分な心理的ハザードもなく、ベルギーのオランダ語地域でもフランス語地域でも気軽に往来をしていた。私はオランダに住んでいたにもかからず、ベルギーのリエージュ（フランス語圏）にあるスーパーマーケットには週二回くらい国境を越えて買い物に行っていたものである。

マクロ的にはヨーロッパは統合に向かっているといえるのだが、ミクロ的にはこのような微妙な問題がイタリアの北部と南部の間や、イングランドとスコットランドの間、あるいはスペインとバスク人の間、フランス人とコルシカ人の間など色々なところに存在するのがヨーロッパの現実であるといえる。こういう問題の完全解決というものは、基本的に「大人」であるヨーロッパ人にとっても決して容易ではないようである。

そしてそれは、マーストリヒトに住むオランダ人にとっても決して他人事というわけにはいかないようだ。マーストリヒトからはベルギーのフランス語圏には行こうと思えばすぐに（高速に乗れば五分ほどで）行くことが出来る。しかしながら、マーストリヒトの住民の中には、一度もフランス語圏に行ったことがない人も少なからずいるらしい。

そういう人の一人に、なぜベルギーのフランス語圏に行かないのかと聞くと、「行っても言葉が通じないから」と、外国語が堪能なオランダ人とは思えない答えが返ってきた。しかし、実際にはそれだけが本当の理由ではなさそうだ。「ベルギーのフランス語圏に行かないのは、危ないから」だといわれたこともあり、マーストリヒト条約が施行されて、ヨーロッパ連合間の国境が開放されても、心理的なハザードが消えるまでにはなお相当の年月がかかるのであろうと思った。

【ベルギー篇】

第七話「スタブローのアメリカ人」——スタブロー

スタブローは日本ではほとんど知られていないが、ベルギー東部・アルデンヌ地方にある小さな街である。オランダのマーストリヒトに住んでいた私は、ベルギー国境まで約二キロという地の利を生かして、よくベルギーの街めぐりをしていた。

大学病院の研究を五時に終えても夏の間は午後十時ごろまで明るいので、それから車で国境を越えても充分にベルギーの街めぐりをする時間があるのである。それで、ずいぶんベルギーの名もない小さな街を訪ね歩いたものである。

ベルギーでは首都のブリュッセルはもちろん、オランダ語圏のブルージュやゲント、アントワープなどの都市はもちろんのこと、フランス語圏であるアルデンヌ地方の小さな町や村、例えばスパ、ディナン、あるいはドイツ語圏であるオイペンなども行ってみた。

日本を含めた世界中のあらゆる国で、私が一番訪れたことがある街が多いのは、実をいうと日本でもオランダでもなくてベルギーなのである。日本ではベルギーという国はほとんど知られていないし、特に固定したイメージもなく魅力は感じられないかもしれないが、実際に訪れてみると、なかなか幅広い魅力のある興味深い国であった。

　オランダに住んでいた頃の私は、一日の研究が終わると研究室からいったん家に帰り、おもむろにベルギーの地図を取り出し（ドイツやオランダの地図のこともあるが）、よし今日はここに行こうなどと決めていたものである。その日はベルギー・アルデン

ベルギー周辺図

ヌ地方に行こうと思い、地図を見て、スタブローに行ってみようと思い立った。

スタブローはマーストリヒトから約七十キロの距離にある。マーストリヒトの市街のはずれから高速道路に乗り、マース川に沿って南下するとすぐにベルギー国境である。リエージュの手前で高速を乗り換えて、マース川を外れてベルギーをさらに南下していく。

高速の途中にスパという街がある。英語でスパというと鉱泉の意味であるが、ここはその語源となった鉱泉のある町である。いまでは鄙《ひな》びた保養地といった風情のスパであるが、ここで産するミネラルウォーターは、ヨーロッパ中で売られていて私自身も良くお世話になった。

スパを通り過ぎて数キロ走ると、フランコルシャン＝スタブロー出口がある。スパとかフランコルシャンという名前は自動車レースにＦ１（フォーミュラ・ワン）というのがあり、毎年ベルギー・グランプリが開催される場所であるので記憶にある方もいるだろう。Ｆ１ベルギーグランプリは、このスパ＝フランコルシャンサーキットで行なわれているのである。

フランコルシャン＝スタブロー出口で高速を下りてしばらく走ると、スタブローの市街に到着する。スタブローは、一本の比較的まっすぐな道路の周囲に建物が並んでいるだけという感じの街だった。人口は六千人であるというが、その一本の道路がまさしくメインストリートなのだと思われた。アルデンヌ地方には、五、六軒程度の建物が集まっただけの集落もいくつもあるので、スタブローはこの程度の規模でも、この周辺では比較的大きな街といえる。

メインストリートの入り口のそばに広場があり、その広場は駐車場として使用されているらしく何台かの自動車が駐車している。とくに料金所もなく、自由に車を停めても良いようだった。メインストリート沿いには、一軒のレストラン、二軒ほどのカフェがあり、ヨーロッパの鄙びた街といった風情である。人はまばらで、夕暮れのオープンエアのカフェでビールを飲んでいる人々もほとんど地元の常連であろう。

とりあえず駐車場に車をとめて降りてみる。街にはなだらかな高低差があり、広場やメインストリート周辺は一段高く、あとは南に向かってなだらかな下り坂になっている。下った先にはおそらく川があるのであろう。街の北側はアルデンヌの森を伴う丘陵地帯だ。南側のだらだらした坂を下っていくと、小さな公園があった。その公園を通り抜け、さらに進むと細い橋があった。

もうここまで来るとすでに街の外れのようだ。公園の傍《そば》には、中世の頃に造られたと思われる城門の一部が残っており（後でこれがこの街の観光名所だと知った）、昔はこの辺りに外敵から街を守る城壁が連なっていたのであろう。この辺が中世以来のスタブローの街と郊外の境界なのだと思われた。予想通り小さい街だ。

街の外れの橋を越えると突然、第二次大戦中のアメリカ軍のM3ハーフトラックがぽつんと置いてあった。ハーフトラックとは前輪がタイヤ、後輪に相当する部分がキャタピラで構成されている軍用装甲車両で、未舗装の道路や平原などを走破しながら進撃するときに歩兵が乗車するものだ。

五十年近く前の車両で、露天に置いてあるにもかかわらず、所々に少々錆《さび》がみられる程度のコンディションである。かなり丁寧に保存処置を施され、何かのモニュメントとなっているのであろう。ここにアメリカ軍の車両が展示してあることに関しては何の説明もなかった。地元の人にとっては説明を要しないことなのであろう。

経験的には、ヨーロッパでアメリカ軍の軍用車両や戦車が展示してある街というのは、間違いなく第二次世界大戦の激戦地である。そういう街の住民は、今でもアメリカという国に対して感謝の念が強く、アメリカ人が大西洋をはるばる越えて見ず知らずの自分たちを助けてくれたことを忘れないようにという配慮があることが多い。

ここアルデンヌ地方は一九四四年十二月、反撃のため装備を温存していたドイツ軍の精鋭師団と、すでに制空権を掌握し、ドイツ国境に迫る勢いだったアメリカ軍ががっぷり四つに組んで死闘を展開した場所である。

スタブローにあるアメリカ軍のハーフトラック。敷地には星型にレンガが敷かれている。アメリカ国旗とベルギー国旗も掲揚されている

戦史家はその戦闘をBattle of the Bulge（バルジの戦い、正式名称はルントシュテット攻勢）と呼び、ドイツの最後の組織的戦闘ともいわれている。バルジとは突出部のことで、この部分の戦線が他の戦線に比べてドイツ側に突出していたことから命名されたという。おそらくこの周辺もドイツ軍とアメリカ軍が、それこそ一平方メートルの土地を奪い合うたびにおびただしい血を流し合った場所なのであろう。

ここはスタブローの街の外れであり、橋のそばであることから、ドイツ軍はこの辺りに防御

陣地を敷き、アメリカ軍がそれを攻略したのではないだろうか。さっき歩いて通り過ぎた小さな公園自体が要塞の跡地だった可能性もある。そこから先は何もなさそうだったので、踵を返して、もと来た道を歩いて公園に戻った。

公園の隅に、小さな石碑が立っているのに気が付いた。なぜ先ほど通った時には気がつかなかった小さな石碑に眼が留まったかというと、さっきまでは誰もいなかった公園に、旅行者のような一群の人々が現われたことと関係がある。

彼らは私が自動車を駐車した広場のほうから、公園の隅にあるその石碑のほうにゆっくりと歩いてきた。そしてその石碑を取り囲むように静かにつくづくと眺め、皆で代わる代わる記念撮影をし始めた。それで私はやっとその石碑に気が付いたのである。

一通り写真を撮り終えると、彼らは一人を残してまたもと来た道のほうに歩いて戻っていった。彼らは皆白人で、中年くらいの年恰好《かっこう》の男性が三人と、同じくらいの年恰好の女性が二人であった。女性たちは男性たちの配偶者かあるいは姉妹なのではないかと思われた。一人だけ、一番若そうに見えた男性だけはほかの皆が歩き始めても、まだ名残り惜しそうにぽつんと石碑の近くに佇《たたず》んでいた。

ガイドブックにも載っていない石碑だが、皆で記念写真を撮っているからには、何か重要な由緒ある石碑なのであろう。そこで記念写真をとっている彼らは、それが何か知っているのであろうと思った。相手が一人になったということもあり、ぽつんと立っている彼に話し掛けてみた。

「この石碑は何ですか」

するとと相手はまず私に、

「英語を話すか」と尋ねた。

私が「ええ」というと、一呼吸置いて彼は、

「ここは昔ドイツ軍に占領されていた。ある日、アメリカ軍のパラシュート部隊が空から降下してこの街をドイツ軍から取り戻した。これは彼らの勇気と努力を称える記念碑だ」とアメリカ英語で言った。そしてそのあとこう付け加えた。

「俺の親父もこの街に降下したパラシュート部隊の一人だったんだ」

彼はそういうとちょっと黙った。私が何かを言うのを待っていたのかもしれない。彼の言葉が予想外だったので、私は何と言っていいか分からなくなって、

「ああ、そうですか」と言うのがやっとだった。そして彼は、もう三十メートルほど離れてしまった彼の家族に合流するために足早に歩いていった。彼らはアメリカ人で、

はるばるアメリカから父親ゆかりの地を訪ねてきたのである。そこに私が偶然居合わせたわけだ。

パラシュート部隊といえば、どこの国でも最精鋭の兵士の集団である。一九四四年の冬のある日、彼の父親はドイツ占領下のベルギーにパラシュートで降下した。

アメリカ人の彼の父親が、知らない国（ベルギー）の知らない言葉（フランス語）を話す人々を守るために、ドイツ軍の待ち構える小さな街にパラシュートで降下するとき、脳裏に去来したものは何だったのか、それは今となっては誰にもわからない。死に対する恐怖か、自由と民主主義を守るという大義か、アメリカ人の勇敢さを見せてやるという男気か、それとも家族や愛する人々のことだったのだろうか。おそらくその全部だと思う。

また、父親ゆかりの記念碑を訪れた彼らは、その記念碑を見てどういう印象を持ったのだろうか。そして彼らの父親は、無事にアメリカの家族の元に返ることができたのだろうか。後になってそれを聞いておけばよかったと思った。アメリカ人にはアメリカ人の、ヨーロッパ人にはヨーロッパ人の戦争の記憶があるということを私は知った。

【ベルギー篇】第七話「スタブローのアメリカ人」——スタブロー

ヨーロッパはどんな小さな街、どんな鄙びた街でも、それなりの歴史がある。そう思わずにはいられない印象的な出来事だった。

【ルクセンブルグ篇】

第八話「ルクセンブルグ人のように有名な」

――ルクセンブルグ市ほか

私がアムステルダムで手に入れた絵葉書の一枚に、「The perfect European should be …」と題された漫画で構成されたものがある。邦訳すれば、「完璧なヨーロッパ人であるためには……」ということであるが、全体としてなかなか風刺が効いた内容になっている。

その絵葉書によると、完璧なヨーロッパ人であるためには、「オランダ人のように気前よく」、「フランス人のように運転し」、「イギリス人のように料理をし」、「フィンランド人のように饒舌で」という風に続いていく。

その前提にはオランダ人はケチで、イギリス人の作る料理はまずく、フランス人の運転はメチャクチャで、フィンランド人は無口であるといったヨーロッパ人の「常識」があり、この文はそれぞれの国の国民性を逆手にとっているのである。

　その絵葉書の中でルクセンブルグ人は、「ルクセンブルグ人のように有名で」と記されている。つまりこれはルクセンブルグ人がヨーロッパにおいてさえも無名であるということを意味している。ヨーロッパ人の間でさえそうなのであるから、日本人にとってはますます馴染みのない国であることは間違いがないことと思われる。

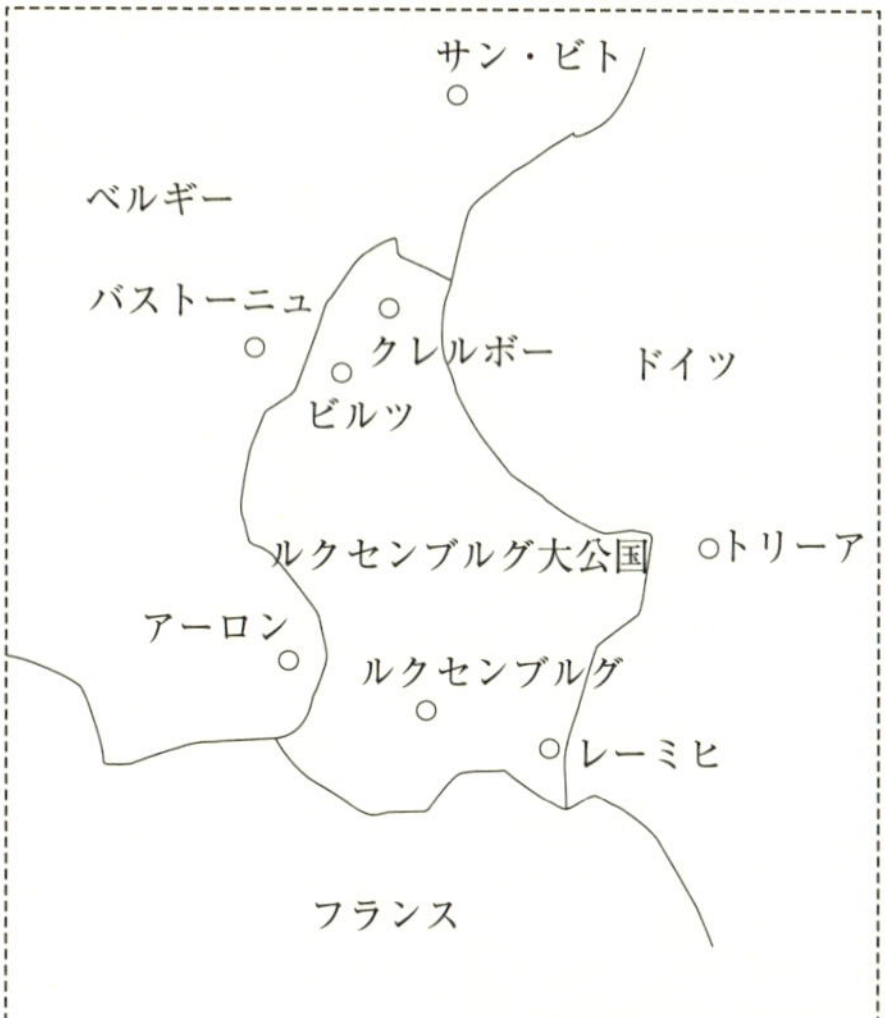

ルクセンブルグ周辺図

　しかしながら、ルクセンブルグはEUの創始国のひとつであり、実をいうとルクセンブルグのGDP（一人当たり国民生産）はEUでトップなのである。つまりルクセンブルグは、ヨーロッパでもっとも豊かな国の一つである。それではそのルクセンブルグという国は、一体どんなところなのか、一度行ってみるのも悪くない。私の場合は、一度で済まずに何度も訪れることになった。

ルクセンブルグはフランス、ドイツ、ベルギーに囲まれた神奈川県ほどの大きさの国である。標高は最高で五百五十九メートル、最低でも百二十九メートルあり、海のない山国である。

ベルギーのアルデンヌ方向から高速道路を使ってルクセンブルグに入ると、いつの間にか車の速度が遅くなっていることに気が付く。それはルクセンブルグに向かう高速道路の勾配がきついからである。自動車でもこの加速であるから、自動車のない時代にルクセンブルグに行くのは大変だっただろうと思われる。

この地は元々古代ローマ帝国時代から保塁があったところで、レッツェブルグといわれていた。これは小さな城という意味で、これが現在のルクセンブルグの語源といわれている。

神聖ローマ帝国の成立した年の翌年の九六三年、アルデンヌ地方のジークフリードという伯爵がこの地を手に入れ、荒廃したローマ時代の保塁を改築して城塞を築き、現在のルクセンブルグ市のもとをつくった。

その後五世紀の間は、神聖ローマ帝国の下で自治を保っていたが、一四三三年にブルゴーニュ公国の版図に入ったのを皮切りにスペイン、フランス、ドイツなどの支配を受けることになる。一八一五年のウィーン会議で、ルクセンブルグは大公国としての地位を認められ、一八三九年に独立した。

ルクセンブルグ人の言語は、ルクセンブルグ語という独自の言語である。ちょっと耳にすると、ドイツ語と似た部分の多いゲルマン語系の言葉である。その他にフランス語とドイツ語が公用語になっている。

つい最近発行されたガイドブックにも「ルクセンブルグでは英語が通じない」と書いてあるが、現在では首都であるルクセンブルグ市の主要な場所では英語も通じる。しかしながら、ちょっと首都を離れて郊外に出ると、英語とは縁の遠い世界である。

ルクセンブルグという国（正式名称はルクセンブルグ大公国）の首都はルクセンブルグ（以後ルクセンブルグ市）である。ここがちょっとややこしく、ルクセンブルグのことを知らない人は、ルクセンブルグはシンガポールのような都市国家（一つの都市が一つの国を形成している国家）であると勘違いしてしまう原因でもあると思う。

実際のルクセンブルグという国は、神奈川県とほぼ同じ大きさがあり、規模は小さいもののいくつかの町がある。ルクセンブルグ市以外では、エヒテルナハ、クレルボーなどが比較的知られている。

ルクセンブルグに自動車で行くには、いろいろな経路がある。オランダ方面から行くにはいったんベルギーのリエージュまで出て、バストーニュ、アルロンを経てルクセンブルグに入る方法、リエージュの手前からマルメディ、サン・ビトを経由してルクセンブルグに入る方法もある。

また、ドイツ方面からはザールブリュッケンから山道で行く方法や、トリーアからアウトバーンで行く方法もある。フランスからはメッスから一気に北上する方法が一般的である。私の場合は全てやってみた。

結局、どの方面から行ってもルクセンブルグへ到達するためには、上り坂を延々と行くことになる。特にベルギー方面からは、高速道なのにアクセルを思いっきり踏んでも、速度が八十キロくらいしか出ないような坂道の区間がある。

その区間では、乗用車でさえスピードが出ないので、トラックやトレーラーなどの大型車は高速道路にもかかわらず、時速三十キロくらいしかスピードが出ない。そのため追突注意の標識がでている。視界のよいときならば大丈夫だろうが、霧が出ると気をつけないといけない。ルクセンブルグと国境を接する国の間には、国境である旨の標識があるものの特に検問などはなく、スムースに入国できる。

訪れてみて初めて知ったのだが、ルクセンブルグ市はとても立体的な構成をしている。最初訪れたときは、高低差の激しい都市の景観に驚いた。ルクセンブルグ市の景観は、この小さい国にあって唯一スケールの大きいものであるといえる。

ルクセンブルグの語源は「小さな城塞」という意味であるというが、ルクセンブルグという都市は、それ自体が天然の城塞である条件としては、ヨーロッパのどこの都市よりも適していると思う。

確かにこの都市は、一見して難攻不落という印象を受け、さすがに北のジブラルタルといわれるだけのことはある。ルクセンブルグ市が陥落するときは、かならず内部に敵との内通者がいて、内側から城門を開けるときだったという。

また、この地域はブルゴーニュ公爵家、ハプスブルグ家、フランスのブルボン王家とナポレオンの共和国、オランダ王にも支配されたことがある。ルクセンブルグは、変転の激しかった中世から近代のヨーロッパの縮図のような国なのである。もともとルクセンブルグ家は、ハインリッヒ神聖ローマ帝国皇帝（つまりドイツ皇帝）を四人も輩出することができたほどの名門であった。

ルクセンブルグ家は、晩年になると失明することが多い家系だったらしく、系統の中に「盲目王」と呼ばれる王が二名いる。中世の頃の国家の概念は現在とはかなり違って、王や貴族の領地の集合がひとつの国という概念であったので、領地を売ったり買ったり交換したりすることにより、国の大きさや形がめまぐるしく変わってしまう時代だった。

ルクセンブルグという地域自体が王の借金の抵当に入っていた時代もあった（ルクセンブルグの抵当物件時代という）。またこの時代は、飛び地なども当たり前だし、教会によって支配されている地域もあり、王や貴族の婚姻関係で版図ががらっと変わってしまう時代であった。

現在のルクセンブルグは、日本の県ひとつ分くらいの大きさしかないが、以前はもっと大きな国で、領地は今の四倍はあった。現在フランス領であるティヨンビル、ドイツ領であるビトブルグ、ベルギー領であるアルロンやバストーニュ、サン・ビトなどは昔はルクセンブルグ領であった。

一六五九年のピレネー条約、一八一五年のウィーン会議、一八三九年のロンドン条約により、領土が次々とフランス、ドイツ、ベルギーに割譲されてしまったのである。とくにロンドン条約では、ルクセンブルグのワロン語（フランス語）系住民の住む地域は、ほとんどベルギー領になってしまった。

ところで、車でルクセンブルグに行ってみて初めて、地図を見ただけでルクセンブルグ市を理解した気になるのは間違いであるということがわかった。旧市街は充分歩いて見て回ることが出来る大きさであるが、ルクセンブルグは渓谷の中に形成された街であるので、平面地図で何の変哲もなく記載されている道が、とんでもない急坂だったりするのだ。この地理的配置こそが、ルクセンブルグを北のジブラルタルと言わしめているのである。

ルクセンブルグ市は、ペトリュス川とアルゼット川という二つの川が合流する部分で、ほぼ三方を渓谷に囲まれている。中世の頃、この渓谷の東の端には、ルクセンブルグの地名の語源となった小さな城があった。アルデンヌ伯が造ったというその城は、現在では残っていないが、その城跡の崖に形成されたボック砲台といわれる要塞からは、眼下に広がる低地（グルンドという）の街並みを見下ろすことができる。

グルンドは下町になっていて、その佇まいはミニチュア模型のようでもあり、おとぎの国に来たようでもある。切り立った崖の底にサン・ジャン教会やマッチ箱のような形をした家々が立ち並び、木々におおわれた谷の向こう岸には、近代的なビルが森の向こうから頭をのぞかせている。さらに谷の鉄橋には、そこを走る列車がトンネルへと吸い込まれていくのが見える。

オランダに住み、ヨーロッパの平坦さに慣れていた私の目は、この落差に慣れるのに少々時間を必要とした。ボックの砲台の内部は暗い洞窟になっていて、その内部は縦横に立体的な蟻の巣のような構造をしている。外部から敵に攻められたときは、ここに立てこもって応戦したのであろう。

グルンド（低地）とサン・ジャン教会。（ルクセンブルグ市）

ボックの砲台から少し離れたところに、ルクセンブルグ大公宮殿がある。ルクセンブルグは王国ではなく大公国なので、ここがルクセンブルグ一番の中心である。現在はルクセンブルグ大公一家はここには住んではおらず、この宮殿は大公が公務をするための場所になっているという。道路に面した大公宮殿の玄関のところには、衛兵の姿があった。

さらに先に進むと、憲法広場という広場がある。憲法広場からの眺めもなかなかよく、眼下にはペトリュス川が見え、谷をまたいでアドルフ橋という大きなアーチ式の橋が架けられている。谷の向こうには、国立貯蓄銀行や鉄鋼会社などのビジネス街の建物が見える。

鉄道橋（ルクセンブルグ市）

ところでルクセンブルグ市には、アメリカ人にちなんだ通りの名前が多い。例えば「フランクリン・ルーズベルト通り」「J・F・ケネディ通り」「パットン将軍通り（第二次大戦時のアメリカ第三軍の指揮官でヨーロッパ戦線担当）」がある。

また、ルクセンブルグ市の地名は、ちょっと見には面白く、「キュリー夫人通り（放射線の発見者）」というのもある。他にもアメリカ合衆国通り、パリ広場、スタブロー通り（ベルギーの地名）、プラハ広場（チェコの首都）、アントワープ通り（ベルギーの地名）、ウィンストン・チャーチル広場（第二次大戦時のイギリス首相）、九月十日通り（第一次大戦の講和条約が行なわれた日）、ナンシー広場（フランスの地名）、アテネ通り（ギリシアの首都）、ロベルト・シューマン通り（作曲家）というのもある。

ボック砲台から外を眺める（ルクセンブルグ市）

　この国にアメリカにちなんだ地名が多いのは理由がある。第二次世界大戦時に、アメリカ軍がルクセンブルグをドイツ軍の占領から解放してくれたのである。無名の小国ルクセンブルグのために、見ず知らずのアメリカの青年が血を流して戦ってくれたことを、今でもルクセンブルグの人々は忘れてはいない。

　ルクセンブルグは、十九世紀から「永世中立」で「非武装」の国だったのであるが、第一次大戦でも第二次大戦でもドイツ軍に占領されている。いくら「永世中立」を宣言しても、それを承知で相手国が「戦争しますよ、占領しますよ」と兵を進めてきたら、如何ともしようがない。とくに非武装中立の場合はそうである。ルクセンブルグの場合は、一九四〇年にルクセンブルグ市近郊にドイツ軍がグライダーで着陸し、首都を占領しはじめても、手の出しようがなかった。非武装中立国で軍隊がなかったからである。

国立貯蓄銀行（ルクセンブルグ市）

ドイツに占領されたルクセンブルグには、「ルクセンブルグのドイツ化」という運命が待っていた。ドイツ人為政者のもとで、公用語としてのフランス語の廃止や対独協力のための「ドイツ国民運動」へのルクセンブルグ人の加入が広汎に行なわれた。

さらにルクセンブルグの若者は、「ドイツ人」として徴兵され、ソ連軍と戦うことになった。ルクセンブルグは非武装国家だったため、彼らは一度もルクセンブルグ兵としては徴兵されたことがなかったわけだが、それが「ドイツ兵」として徴兵され、戦地に送られたのはなんとも皮肉な結果だったとしか言いようがない。

徴兵されたルクセンブルグ人のうち約三十パーセントがソ連との戦闘の結果、帰らぬ人となった。また、ルクセンブルグに住んでいたユダヤ人も、ドイツに住んでいたユダヤ人と同様に強制収容所送りになり、多数がそこで死亡した。

ルクセンブルグは、第二次大戦における戦死者が全国民に占める割合が欧州では二番目に高く、さらにルクセンブルグの国全体の建物の三分の一が破壊を蒙《こうむ》ったという。被害額は国家予算の三・五倍という大規模なものだった。

第二次大戦でのルクセンブルグの戦争被害は、大戦末期に集中している。一九四四年にはアメリカを主体とする連合軍はすでにパリを開放し、フランスのアルザス地方からドイツ南西部を窺《うかが》っていた。北方では依然として、ノルウェーやオランダの大部分はドイツの支配下にあったが、オランダのマーストリヒトやドイツのアーヘンは、すでに連合軍の支配下にあった。

ドイツに占領されたオランダと、連合軍に解放されたフランスの間に位置するルクセンブルグやベルギーのアルデンヌ地方は、山がちの森林地帯で道も狭く、戦車部隊などの大規模な部隊の移動には適していなかった。そのため、この辺りはドイツ軍にとっても、アメリカ軍にとっても戦力の空白地帯となっていて、アメリカ軍兵士の間では当時この地域を、「幽霊戦線」と称していた。

つまり戦線があっても、実際には戦闘のない状態だったからである。アメリカ兵は自分たちの陣地から二百メートルのところにあるドイツ軍陣地で、ドイツ兵が洗濯をしているのが見えても発砲しなかったし、ドイツ軍もそうだった。アメリカ軍側は、「もうこの戦争は終わり」と思っていたし、実際その地域に布陣しているアメリカ歩兵部隊は、他の戦線で消耗した部隊が半ば休養目的で滞在しているようなものだったのである。

一九四四年十二月十六日、ドイツ国境まで押し戻されていたドイツ軍は、アメリカ軍に対してルントシュテット攻勢という名の一大反撃を企てる。クリスマスまでにはアントワープを攻略することを目標にした作戦であり、主な作戦地域はこのアルデンヌ地方であった。休養気分のアメリカ軍の隙をついて、ドイツ軍が突然に大攻勢を仕掛けたわけで、アメリカ兵たちはさぞかし慌《あわ》てたことだろう。

ルクセンブルグ北部にあるクレルボーという小さな村も、その攻勢のときに戦場になった場所である。クレルボーの城には、コックなどアメリカ軍の補給部隊が二百人ほどいたという。非戦闘員が主体だったので、人数だけは多かったが、戦闘力はあまり期待できなかったようだ。その結果、クレルボーはほどなく陥落することになり、クレルボーの城は破壊された。

実際にクレルボーに行ってみると、その地形はまさに小さなルクセンブルグ市とでもいえるようなものであった。村の東側には南北に二本の川が合流し、渓谷を形成している。村のある部分は台地となり、そこにクレルボー城と教会がある。現在みられる城は、このときの戦いで破壊されたものを再建したものである。

クレルボーを西に下ると、ビルツという村がある。クレルボーを手に入れたドイツ軍は、ビルツに進み、さらにそこを陥落させた。現在のビルツは、全体的に別荘地のような風情が漂っている静かな村だった。

その北方にはサン・ビトという村があり、ここはベルギー領だが住民はドイツ系、しかもルクセンブルグ領からベルギーに割譲されたという歴史を持つ因縁深い村であるが、ここに防御陣地を形成していたアメリカ軍も、四日間に及ぶドイツ軍の猛攻に耐えられず撤退する。

実際に訪れたサン・ビトは、教会が一つあるだけの本当に小さな村で、アルデンヌには珍しく周囲には比較的広い平野が見られた。平野の大部分は農地であった。ところで、ビルツからさらに西に進むと、ベルギー領に入り、そこにはバストーニュというアルデンヌ地方の中では比較的大きな町がある。ビルツまで順調に進んだドイツ軍は、バストーニュもすぐに陥落させる予定だったのだが、そこで彼らは予想外のアメリカ軍の粘り強い防御に会い、結局バストーニュを陥落させることができずに作戦は頓挫してしまうのである。

バストーニュの市民は、当時のアメリカ軍の奮闘を称えるためか、町の広場には米軍のシャーマン戦車が誇らしげに飾ってある。町の郊外には、戦死したアメリカ人兵士のための巨大な慰霊碑と記念館が建てられている。

その慰霊碑には、この戦いで戦死したアメリカ人の名がその出身地の州ごとに彫り込まれている。記念館では、いかにアメリカ軍がドイツ軍からバストーニュという町を守りきったがわかるように展示がなされている。

結局、第二次大戦時のドイツ最後の反撃といわれるルントシュテット攻勢とは、ルクセンブルグと元ルクセンブルグ領だったベルギー領のバストーニュやサン・ビトなどを主な戦場として行なわれた戦いだったのである。結果として、ドイツ軍の先鋒はアントワープにはとうてい達することはできず、ミューズ川河畔にある景勝豊かな町であるディナンのちょっと手前の地点までしか行けなかった。

結果的にはこの攻勢のためにドイツは、予備兵力のほとんどを使い果たした形となり、西部戦線（フランス側）よりも東部戦線（東ヨーロッパ側）の方が手薄となり、結果的にドイツはソ連に首都であるベルリンを占領されてしまったのである（ソ連がベルリンを占領したとき、西部戦線ではドイツはまだオランダの大部分を占領していた）。

ところで、ルクセンブルグはスイスと並んでヨーロッパの金融立国で、国民の所得水準も相当高い国である。それで私はなんとなくルクセンブルグの人々は、穏やかでマナーの良い人々なのではないかと思っていた。事実、ルクセンブルグと同じ金融立国であるスイスの人々は親切な人が多い。しかし、スイス人とルクセンブルグ人は、同じような金融立国なのに、人々の雰囲気は少々違う。

ルクセンブルグは外国人の比率が多く、人口の三十パーセントは外国人であるという。特に首都であるルクセンブルグ市は外国人の比率が多く、人口の約半分が外国人といわれている。それなのに、なぜかルクセンブルグ市の一般商店で買い物をすると、何となく店員の対応が悪くて、外国人に対して人見知りをしているような印象を受けた。

また、ルクセンブルグ人の運転マナーも悪くて、意外な印象を受けたことも正直に書いておきたいと思う。ただ、ルクセンブルグで車を停めた駐車場の料金精算機が故障していたときに、通りすがりの男性が親切に助けてくれたという経験もあるので、ルクセンブルグの人すべてが人見知りをするわけではないのはもちろんのことである。

最後に、ルクセンブルグとドイツとの国境について述べる。ドイツのザールブリュッケンという都市からルクセンブルグ国内に入るには一般道を通ることになるが、途中で比較的広い川を越える。その川がモーゼル川で、モーゼルワインの産地であることもあり周囲にはブドウ畑も見られる。

このモーゼル川がドイツとルクセンブルグの自然国境を形成しており、ドイツ側からモーゼル川を越えるとレーミヒという町がある。レーミヒ周辺のモーゼル川の河畔には、川下りをする遊覧船がみえる。船内には金髪で太った老人が男女とも多数乗船しているのが見えた。派手な色のスポーツウェアを着ているので、おそらくドイツ人の観光客だと思われる（ドイツ人の色彩感覚はちょっと独特だから）。

ドイツ人もルクセンブルグ人も、過去の歴史に関しては思うところはあるだろうが、今ではEUという同じ屋根の下の住人となり、お互いに平和を享受しているのである。これこそがルクセンブルグ人が長い間願っていたことであり、それだからこそルクセンブルグは、EUの原加盟国となったのであろう。

私はルクセンブルグを訪れてみることによって、あまり知られていないこの国が身近に感じられるようになったような気がした。ルクセンブルグは、一度は訪れるに値する国のひとつである。

【フランス篇】
第九話「城館に隠棲する人」——ボルドーとその近郊

ボルドーはフランス南西部、大西洋岸に近く、ガロンヌ川とドルドーニュ川が合流してジロンド川となるあたりに位置する都市である。ボルドーは直接大西洋には面していないが、ジロンド川を通じてかつては広く貿易を行なっていた。またボルドーの周辺は、いわゆるボルドーワインの産地である。パリからボルドーは五百八十キロ離れている。

私はボルドーを二回訪れたことがあるが、一回目はブリュッセルから飛行機で行った。ベルギーから一時間少々でボルドーの空港に到着し、空港からタクシーで約二十分程度で市街地へ入ることが出来た。

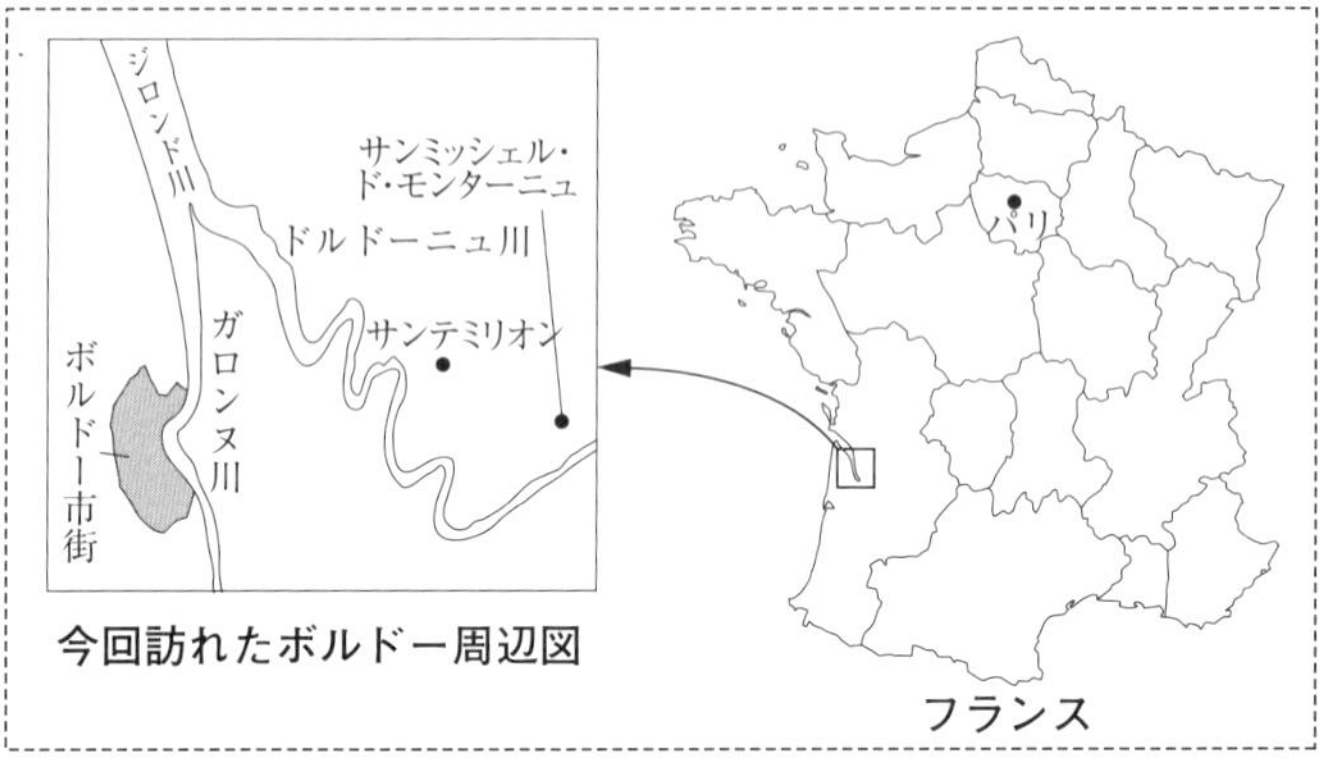

今回訪れたボルドー周辺図

二回目はTGV（フランスの新幹線）を利用してパリのモンパルナス駅からボルドー・サン・ジャン駅まで行った。途中でトゥールやポワティエの戦いで知られているトゥール・ポワティエを通過する。トゥール・ポワティエの戦いは、フランク王国軍がアラブ軍を破った戦いであるが、こんなところまでアラブ軍が進出した時代もあったのかとちょっと驚く。

　パリのモンパルナス駅からボルドー・サン・ジャン駅までは約三時間である。ちなみにサン・ジャン（聖ジャン）とは、キリスト教の聖人の一人であるヨハネのことである。彼にちなんでフランス人にはジャンという名前が多い。ジャンはイギリスではジョン、ドイツではヨハン、スペインではフワン、イタリアではジョバンニ、ロシアではイワンと変化するものの、ヨーロッパ人には比較的多い名前なので、人気のある聖人なのであろう。

私が最初にボルドーを訪れたのは、気持ち良く晴れた九月の中旬の週末であった。初めて見るボルドーの旧市街は石畳で、石の大きさが不揃いなので、歩くとかなりでこぼこしているのがわかる。旧市街の中心部には車止めがあり、自動車が進入できないようになっている。

ボルドーに来て最初に感じたのは、市街地の奥行きが広いということと、建物の大きさや仕様が統一されているということ、それから道がまっすぐであるということだ。たいていのヨーロッパの都市の旧市街は、防御上の理由から密集していることが多い。これはわざわざ密集して複雑に入り組んだ小さな市街を作り、さらにその外郭をぐりと城壁で取り囲み、いざというときは城門を閉ざして、侵略する敵から身を守るという目的のためである。

ところが、ボルドーの旧市街は一見してまっすぐな道が多くて、しかも道路が碁盤の目のように整然としている部分が多い。さらに建物の大きさも同じ様式で大きさも揃っている。これらはこのボルドーという町が、都市計画に基づいて再構成されたことを示すものである。十八世紀のボルドーの地方長官が、うねった狭い通りで構成さ

サンタンドレ教会とその鐘楼（ボルドー）

れた街を整理し、（当時としては）近代的な町へと改造していったのである。

　したがってボルドーの旧市街は、入り組んだ路地を持つ判りにくい市街地の代わりに、古典様式で統一された整然とした市街地をもっているのである。逆にボルドーでは、ローマ時代の遺跡や宗教戦争当時の史跡は見られない。

　それからもう一つ気が付いたことは、ボルドーの市街の大きさである。普通ヨーロッパの平均的な都市の旧市街は、歩いても楽に見て歩けるくらいの広さしかないのだが、ボルドーの旧市街の大きさは一キロ四方以上にも及ぶので、ヨーロッパの一般的な大きさの都市よりもかなり大きい旧市街を持っている。この大きさでは、一日で全部歩きながら見て回るのは結構大変だと思った。

現在の人口は二十一万人だというが、これだけ広い旧市街を持つ地方都市は、フランスにはあまり存在しないので、いかに往年のボルドーが繁栄していたかを示すものであると思われる。

古い市街地の建物は、一様にやや沈んだベージュ色の外壁を持ち、屋根はえび茶色か黒色のどちらかである。ボルドーは古代ローマ時代から重要な港を持つ都市であり、中世から近代にかけても絶えることなく栄えていた港湾都市であった。特に十八世紀がボルドーの絶頂時代であり、ガロンヌ河畔にあるブールス広場に行けば、十八世紀に建てられた税関と証券取引所の豪壮な建物が、当時のボルドーの繁栄を見事に物語っている。

そのままガロンヌ川沿いに歩くと、港町特有の大きな倉庫群の続く殺風景な景色になるが、さらに歩くと、ピエール橋というガロンヌ川にかかる大きな橋が見えるようになる。

ピエール橋のたもとからは、近くにあるサンミッシェルバジリカ聖堂の鐘楼がよく見える。この鐘楼は南フランスでもっとも高い物で、実際に良く目立つし、印象的でもある。この辺りがボルドーの旧市街の一番南側である。旧市街の一番北側に位置する大劇場の辺りから、このサンミッシェルバジリカ聖堂までは直線距離で一・三キロほどあるので、やはりボルドーは、懐の深い旧市街を持っている。

サンミッシェルバジリカ聖堂から北西に向かってしばらく歩くと、ボルドーで一番の目抜き通りであるサント・カトリーヌ通りに到達する。サント・カトリーヌ通りを北上すると、もとの大劇場の辺りに戻ることができる。

サント・カトリーヌ通りを途中で左折してダルザセロレーヌ通りに行くと、眼前に大きな鐘楼が現われる。これはサンタンドレ大聖堂の鐘楼であるが、先ほどのサンミッシェルバジリカ聖堂の鐘楼とともに、大変印象的な鐘楼である。ボルドーを歩いているときのランドマークにもなる。

旧市街の外側に建つ大劇場は十八世紀に建築されたものだが、往年のこの都市の繁栄に見合ったとても立派なものである。どこかで見たことがある建物だなと思ったら、パリのオペラ座によく似ている。なぜならば、パリのオペラ座はボルドーの大劇場に倣《なら》って造られたからである。

大劇場を通り過ぎてまっすぐ行くと、カンコンス広場という大きな広場につき当たる。もとは城があった場所であるが、現在は噴水を配した広場になっている。その広場の東端からはガロンヌ川がよく見える。

カンコンス広場には、ジロンド派の記念碑というものがある。記念碑はベルリンにある天使の塔のようなもので、その土台は噴水となっている。塔の高さは五十メートルで、その頂上には鉄の鎖を断ち切る天使がいる。噴水には、いわゆるプランシング・ホース（跳ね馬）の見事な彫刻がみられる。

ジロンド派の記念碑（ボルドー）

ジロンド派とはフランス革命のときに活躍した革命派の一派で穏健派だったが、過激派の山岳派との権力闘争に敗れ、ジロンド派の議員二十二名がギロチンで処刑された。彼らはボルドー地区選出で、元々ボルドー

ジロンド派の記念碑の噴水（ボルドー）

はジロンド派の根拠地であった。

革命が成就する時は、穏健派より過激派が勝利するというセオリーどおりにフランス革命は進行した。そうだとすれば、ジロンド派の敗退と抹殺は、フランス革命の避けられない成り行きだったのであろうか。ジロンド派は連邦制を主張していたので、もし彼らが勝利していたら、フランスは今のような中央集権国家にならずに、もっと地方分権の国になっていたのかもしれない。

彼らジロンド派のための記念碑は、ガロンヌ川のほとりに位置し、そのガロンヌ川は、ボルドーの北でドルドーニュ川と合流して、ジロンド派の名前の由来となったジロンド川へと名前を変える。フランス革命の熱狂の中でジロンド派が興隆し、その後、夢破れて消えていっても、ボルドーを流れる川だけはいつまでも変わらずにそこにある。彼らの希望も、その挫折の過程も、川だけは静かに成り行きを見守っていたように感じられる。

誰がそこにジロンド派の記念碑を建てることを決めたのか知らないが、私はボルドーの旧市街もガロンヌ川も見渡せる位置にあるこの場所こそは、ジロンド派の記念碑が建つのにもっともふさわしい場所だなと思った。

モンテーニュ像（ボルドー・カンコンス広場）

また、このカンコンス広場には、ボルドーにゆかりの深いモンテーニュ（十六世紀の思想家）とモンテスキュー（十八世紀の思想家）の像もある。

さて、ボルドーといえばワインでも有名である。中世の頃、ボルドーはイギリスの領土であった。ボルド

見渡すばかりのブドウ畑（サンテミリオン）

ーはその頃、イギリス本土にワインを送り出す港として大変賑わっていた。また、その頃からワインの産地として、ボルドー周囲にブドウ畑が拡大していった。

ボルドー産のワインは地区により分類されているが、赤ワインではメドック、ポムロール、サンテミリオン、白ワインではソーテルヌ、グラーヴなどの産地が日本でもよく知られている。

私は赤ワインで知られるサンテミリオンに行ってみた。サンテミリオンはボルドーから約四十キロのところにある。ボルドーからサンテミリオンに行く間も、平原にブドウ畑が限りなく広がる景色が目を楽しませてくれる。ところどころになだらかな丘陵があり、その丘陵の上に城館が建っているのが見えることもある。ブドウ畑の中には、有名無名のシャトーが点在している。

シャトーとは通常は城のことを意味するが、ボルドーではワイン製造業者の建物（あるいはぶどう園と建物の全体）のことをいう。

サンテミリオンは、石灰質の台地を中心に石造りの家が集まっており、現在の人口は二千八百人だという。サンテミリオンの丘の上には、モノリス（一枚岩）教会という教会が建っている。この教会は、九世紀から約三百年かけて石灰岩を掘りぬいて造られたものである。

教会の内部も外側も、意外に思うほどの黒ずんだ色をしていた。千年ぐらい経つと白かった石灰岩も長年の埃の付着と表面の酸化でこのような色になってくるのだろうか。その教会も、サンテミリオンの街並みもとにかく古く、ここが無人の廃村といわれても、納得できるほどの古さであった。

モノリス教会のある丘の上からは、サンテミリオンの古びた街並みと、その先に広がるブドウ畑がよく見えた。帰りには近くのシャトーに寄ってワインの造り方を説明してもらい、シャトーの中を案内してもらった。

ついでに、そこでワインのテイスティングをしてみた。まだ若いワインであった。ちょうど収穫の時期だったので、ブドウ畑にはたわわに実ったブドウがたくさんあっ

サンミッシェル教会（サン・ミッシェル・ド・モンターニュ）

たし、ブドウを収穫しているところも見ることが出来た。

　昔に比べて機械化が進んでいるというが、それでもこの時期はボルドーでもっとも人手が足りない時期であり、この期間だけ流浪の民族であるジプシーを雇うシャトーもあるのだという。この時期だけボルドーに滞在しているジプシーのキャンプも見ることが出来たが、ジプシーも昔と違って馬車で移動するのではなく、立派なキャンピングカーを所有していた。自動車化時代の恩恵は、彼らにまで及んでいるのだと感心した。

　先ほどボルドーのカンコンス広場に、モンテーニュの像があることを述べた。モンテーニュは十六世紀の思想家で、ボルドー近郊のサン・ミッシェル・ド・モンターニュというところで生まれた。彼の父親は、ボルドーに地盤を持つ貴族であった。

モンテーニュの著作としては「essai＝エセー」が知られている。英語では「essay＝エッセー」である。彼が「エセー」を著わすまでは、世界に「エセー（またはエッセー）」という文学分野は存在しなかった。彼がその「エッセー」の創始者なのである。

彼は三十八歳で公的な職を辞し、自身の城館の「塔」の三階にこもって「エセー」を執筆したという。そのモンテーニュが生まれ、「エセー」を著わした城館とその「塔」を見学するためサン・ミッシェル・ド・モンターニュに行ってみることにした。

城館へと続く道（サン・ミッシェル・ド・モンターニュ）

モンテーニュの城館のあるサン・ミッシェル・ド・モンターニュはボルドーの北東にあり、ボルドーからの距離は五十七キロメートルである。最初にボルドーからサン・ミッシェル・ド・モンターニュに行ったときはタクシーを利用したのだが、

モンテーニュの「塔」（サン・ミッシェル・ド・モンターニュ）

そのタクシーの運転手は、「サン・ミッシェル・ド・モンターニュ？」と私に二回ほど確認した後、他のタクシー運転手に、「サン・ミッシェル・ド・モンターニュってどこだっけ？」と尋ねて、相手の答えを聞いてから、おもむろに地図を見始めて、地図のサン・ミッシェル・ド・モンターニュの場所を指で示しながら、「ここでいいのか？」と私に確認してから出発した。その一連のやり取りをみて、私はサン・ミッシェル・ド・モンターニュに行く人は少ないのかなと思った。

サン・ミッシェル・ド・モンターニュに至る道は、途中まではサンテミリオンへ行く道と同様である。ガロンヌ川を東に通り越し、ドルドーニュ川の流域に出て、サンテミリオンの丘にある教会を遠くに見ながら、タクシーはさらに進んでいく。タクシーは、最初はブドウ畑に囲まれた平原の道を走っていたが、そのうちに森に囲まれた細い坂道を上っていった。

タクシーが止まったのは台地の頂上で、そこには小さな石造りの教会が建っていた。ここがサン・ミッシェル・ド・モンターニュの中心である。人口は二百九十二人、標高は百メートルの本当に小さな村である。村の中心にある小さな教会の名はサン・ミッシェル教会という。ロマネスク形式のこの古びた教会には、モンテーニュの心臓が埋葬されている。

モンテーニュの城館の入り口は、この教会の真ん前である。入り口を入ると、昔ならば馬車が通ることが出来たであろう広くてまっすぐに伸びた道があり、道の両側はブドウ畑がつらなり、さらに道の左側には道に沿って木が植えられていて、城館への道も、その木陰に覆われている。

城館への道を歩いていくと、まず城壁が見えてきて、次に「塔」が見えてくる。城館に達するまでには、入り口からゆっくり歩いて五分くらいかかる。モンテーニュが隠棲して読書をし、著作を書いていたという「塔」の高さは十二、三メートルほど、

城館の母屋の部分（サン・ミッシェル・ド・モンターニュ）

直径は十メートルほどである。彼は「塔」の三階に読書室を作り、「エセー」を執筆し、「エセー」出版後も、それにさらに加筆や注釈を加えていたという。

「塔」は十三世紀末に造られたものであるというから、相当の年代物である。ボルドーの市街の建物と同じ色調のやや渋いベージュ色の石を積み上げて造られている。モンテーニュが住んでいた当時は、この「塔」の一階は祈祷室で、二階は寝室だったという。

「塔」の傍《かたわ》らには中庭、その隣りには母屋があった。母屋のほうは十九世紀に火災があり、その後再建されたものだというが、「塔」はオリジナルのままである。城館はその周囲を石造りの外壁に覆われている。その外壁を回って眺望の良い場所に出ることが出来る。そこは元々堀があったところだが、現在では椅子が置かれたテラスになっており、そこに立つと、眼下に広がるボルドー近郊の大平原を見ることが出来る。耕作地、ブドウ畑と森林からなる眺望である。

モンテーニュがこの城館に住んでいた頃から、この風景はそれほど変わっていないと思われる。季節のいい時期には、城館から美しい眺望を楽しむことが出来たであろう。

先ほど述べたように、現在の文学の一分野「エッセー」は一五八〇年にミシェル・ド・モンテーニュが出版した「エセー」に起源がある。「エセー」が発行されたのは、ヨーロッパで活版印刷術が発明されてから約一世紀経った頃のことである。

この「エセー＝essai」のもともとの意味は、問題に立ち向かい「試してみる」ことであるという。彼の行なった方法は、日常よく見られる物を題材にして、それに対する自分の判断力を試しにかける、言い換えれば具体的な事柄を題材にして、抽象的な隠喩をすることである。たとえ題材自体が空虚で意味のないものであっても、そこから出来るだけ意味のある隠喩を抽出しようと試みている。

したがってモンテーニュのエセーは、その題材がささやかな事件や取るに足りない事物のとき、かえってそこから隠喩される思考の試みがもっとも興味を引くのである。モンテーニュは知識を記憶することではなく、いかに想像力を働かせるかを特に重視する。その結果、「エセー」には世代を超えた人間のありようについての考察、人間の生きる意味についての模索が、多種多様な論点によって示されている。

ところで「エッセー」という文学分野の創始者であり、ルネッサンス以降のヨーロッパの知識人に相当の影響力を与えた思想家でありユマニストであったモンテーニュとは、どのような人物であり、彼の生きた時代はどのような時代だったのだろうか。

モンテーニュの生きた時代を、我々はルネッサンスと呼ぶ。ほぼ同じ時代には、オランダのエラスムス、イギリスのトマス・モア、フランスのフランソア・ラブレーがいて、もう少し後にはイギリスのシェイクスピアやスペインのセルバンテスが現われる時代である。文芸復興と称される時代であったが、同時に陰惨な宗教戦争の時代でもあった。

ちなみに当時の日本は戦国時代で、モンテーニュは織田信長と一歳違い（モンテーニュの方が一歳上）である。モンテーニュが城館に隠棲し始めた年（一五七一年）と織田信長が比叡山延暦寺を焼き討ちした年（一五七一年）が同じ年である。

モンテーニュが生まれた頃（一五三三年）、イタリアのルネッサンスの波はフランスにも及び、ギリシア・ローマ文学がふたたび紹介されるようになり、ギリシア語やラテン語の研究が始まり、文学、科学などの学問が一気に興隆した。モンテーニュ自身も、幼児の頃から家庭教師によるラテン語の教育を受け、後にはボルドー、トゥールーズで教育を受けた。

その後ペリグーとボルドーの司法官をしていたが、三十八歳で官を辞し、地方貴族として自らの城館に隠棲し、翌年から「エセー」の執筆を始めた。したがって「エセー」は、十六世紀のフランスの社会変動と戦乱を背景に、自らの為政者としての経験と、古今の書物の知識から生み出された物である。

この時代のヨーロッパは宗教改革の動きが活発で、一五七三年にはサン・バルテルミーの虐殺がおこる。これはカトリックであるフランスのヴァロア王朝が、八月二十四日の朝からパリのユグノー（新教徒、フランスのプロテスタント）を一斉に虐殺した事件である。

ユグノーの帯剣貴族や法官にも、その手は及び、ルーブル宮の壁や廊下はいたるところに闘争の跡が認められ、血飛沫《ちしぶき》が飛び散っていたという。ユグノーの庶民も同様に虐殺され、セーヌ川には何千もの死体が浮いていたという。

この宗教対立はフランス各地に波及し、リヨンでは千人、ボルドーでも四百人以上が虐殺され、いよいよカトリック対ユグノーの宗教戦争の様相を呈してきた。

モンテーニュの生きていた時代には、「信仰の自由」という概念そのものがなかった。それどころか、「信仰の自由」という言葉そのものが存在していなかった。カトリックを信仰する者はユグノーを抹殺し、ユグノーはカトリックを抹殺することによって、自分たちが神の国へ行くことが出来ると信じていた時代だったのである。

国王は国内からユグノーを一掃する目的で、サン・バルテルミーの虐殺を行なったのであろうが、この虐殺により、むしろフランスのユグノーはいっそう燃え上がった。ユグノーには無力な民衆だけではなく、フランス各地の貴族やそれが擁する軍隊の中にも多数存在したのである。したがって、カトリックの国フランスの中にあって、住民（貴族から軍人、農民まで）のほとんど全部がユグノーという都市（ラ・ロシェルなど）もあった。彼らは彼らの城塞都市に籠城し、カトリックの攻撃に備えていたのである。

このような状態は、「ナントの勅令」で信教の自由が認められるまで続いた。それまでの間、お互いの宗派は自分たちの敵をどのように残虐に苦しませて拷問・処刑するかに心血を注いでいた時代だった。その時代の処刑方法を知れば、生きたまま火あぶりにするなどはまだ軽い方の部類であることがわかるし、いかに異端者たちを苦しませるかという方法を考案するために、人間の叡智と想像力が結集された悪意に満ちた時代であったことに驚く。

今でもヨーロッパには各地に「拷問博物館」があり、当時使われていた器具を、どのように使ったかの説明を読みながら見学することもできる。

彼自身はその出自からカトリックに属していたが、彼の目指すものは宗派や党派にとらわれない人間の普遍性だった。彼は党派（宗教）が違えば、相手を抹殺しても良いという発想自体が、人間性の否定であることを「エセー」を通じて静かに主張していたのであると思われる。さらにいえば、同じ神の名のもとにカトリックとユグノーが二派に分かれて戦うことの愚かしさを暗に諌《いさ》めているのだと思われる。

しかし、このような時代には直接論議することはとても危険なことだった。下手すれば、異端として捕らわれて拷問・処刑されてしまいかねない。彼が目指していたのは、宗派や党派にとらわれない人間の普遍性であったため、かえって彼はカトリック派からもユグノーからも敵側とみなされることもあった。

「このような病弊の中で、私は中庸がもたらす色々な不幸を蒙《こうむ》った。私はあっちからもこっちからも痛めつけられた」とモンテーニュは告白している。

人生の後半を自身の城館にこもったモンテーニュは、非社交的な人物であったかというと、かならずしもそうではなかった。彼は充分社交的な素質を持っていたのだが、社交よりも読書、そして読書に基づいた思索の過程を著作として記録することに重きをおいていたのであると思う。また「もの言えば唇寒し」の時代にあって、一歩身を引いていることが、どんなに大事なことかを彼は肝に銘じていたのだと思われる。

モンテーニュは「エセー」の初版を書き上げた後、十七ヵ月にわたってドイツ、スイス、オーストリア、イタリアを旅している。またモンテーニュは、ボルドー提督の要請があれば、いざというときには野宿も辞さずに、ユグノーの占領地帯を百キロ以上も縦断して旅行することもあった。城館に隠棲していたものの、実際は並々ならぬ行動力のあった人なのである。

イタリア滞在中の一五八一年、彼はボルドー市長に任命されたという通知を受け、その後の四年間をボルドーで過ごす。任期の終わりごろの一五八五年には、ボルドーとその周辺でペストが大流行し、一万五千人以上の死者が出たという。

ペストを避けるため、彼は自分の城館に帰ることが出来ずに、家族とともに六ヵ月も知人の家を泊まり歩くことになる。ペストが流行すると人口が減るのだが、それ以上に農業生産力が低下するので、生き残った人々は飢餓にも直面することになった。

さらにモンテーニュの時代には、すでにアメリカ大陸は発見され、そこにはモンテーニュの同胞ともいえる白人たちが殺到し、ヨーロッパ大陸ばかりではなく、アメリカ大陸においても残酷な征服・収奪が繰り広げられていた。

このような大航海時代を迎えて、ボルドーのような港湾都市は、真っ先に大規模な商業構造の転換を迫られていた。病気プラス飢餓プラス戦争という三重の死の危険のある時代であったことに加えて、当時は社会構造の大転換の時代でもあった。

先に述べたように、モンテーニュは三十八歳の時に官を辞し、ボルドー市長をしていた時期を除いては、基本的に人生を自身の城館で過ごしていた。仕事を辞めても暮らすことが出来たのは、彼が貴族であったからということが大きいが、当時のフランス貴族は一年の四分の一を首都であるパリで過ごす義務があった。これは日本の江戸時代の参勤交代と似ているところがあって、貴族たちにパリで舞踏会などを開催させて、貴族の財力を弱めるという国王側の政策であったと思われる。

モンテーニュは、その義務でさえちゃんと遂行していたのかも疑わしい。しかしながら、モンテーニュのすごいところは、パリに行かなくても、むしろ国王候補者の方が城館に泊まりに来るほどの敬意を表されていたのである。敬意を表されていたのは、彼の政治力ではなくて「エセー」によって示された彼の普遍的な思想である。

フランスの王位継承者であるアンリ・ド・ナヴァールは、一五八四年と一五八七年にモンテーニュ邸を訪れて宿泊している。ユグノーであったアンリ・ド・ナヴァールがカトリックのモンテーニュの家に泊まりに行くということは、モンテーニュは彼から全面的に信頼されていたことを示している。

城館を訪れた将来の国王に、モンテーニュが何を語ったか、その詳細は明らかではないが、その後一五八九年にアンリ・ド・ナヴァールはフランス王に即位し、アンリ四世となる。このアンリ四世は、世界史的にも画期的なことを行なって、フランスをふたたび一つにまとめることのできた特筆すべき人物である。

一五九三年に、まずアンリ四世は、王自らがユグノーからカトリックに改宗を行なった。次に全てのユグノー派の信教の自由を認める「ナントの勅令」を一五九八年に公布した。これで一五六二年以来三十六年間続いたフランスの宗教戦争は、ついに終結することが出来たのである。今から考えてみても、内戦を終結させフランスを一つにするには、この選択しかなかったようにも思える。

ユグノーの後押しで国王になったアンリ四世が、もしユグノーからカトリックに改宗しただけならば、これはユグノーにとっては重大な裏切り行為であり、決して許されるものではなかったであろう。

しかしアンリ四世は、まずカトリックに改宗することによって、フランスの大多数のコンセンサスを得た（なぜならばフランスの大多数はカトリックだからである）。然るにその後、カトリックの権威ある国王として「ナントの勅令」を公布し、フランスにおける「信仰の自由」をフランス国民に保障したのである。

「ナントの勅令」の公布は、モンテーニュの死後六年経ってからのことであるが、アンリ四世にこのプランを示唆したのは、他ならぬモンテーニュであってもおかしくはない。モンテーニュは、その城館を二度も訪れたアンリに敬意を表しつつも温かく迎えた。

冬の城館の暖炉の前で、モンテーニュとアンリは色々なことを夜通し語り合った。そのときにきっとモンテーニュは、フランスの内戦を終結させる「とっておきのプラン」をアンリに呈示したのだろう。比喩や隠喩の得意なモンテーニュであるから、ギリシア・ローマの人々の言葉を色々と引用しながら、さりげなく暗示するだけにとどめたかもしれない。

ところで私は、学生時代に父の勧めでモンテーニュの「エセー」を読むことにしたが、読んでみるとギリシア・ローマの故事や彼らが残した言葉が、これでもかこれでもかと文中に現われることや注解が非常に多いことから、私には難しすぎて途中で読むのを放棄せざるを得なかった。

ヨーロッパから帰ってからもう一度「エセー」を読んでみたら、以前よりも少し内容が理解できるようになった。ヨーロッパに滞在して以後、かの地の事物に触れる機会が多くなったことで、ヨーロッパの歴史に対しての知識も以前より深まったこともあるし、モンテーニュの城館やボルドーの街を訪れたことによって、モンテーニュという人物や当時の社会情勢に対する理解が深まったからかもしれない。

モンテーニュの時代には、「白を白、黒を黒」と言わずに、比喩や隠喩を用いたり、全然関係ない話の中に真実を一行だけ書いておいたりするテクニックが必要だったのである。そうしなければ、本人は処刑、出版物は焚書《ふんしょ》の運命だったのであるから、現代から見ればその時代は真に暮らしにくい時代だったと思う。

しかしながら、彼の様々な努力のお陰で、彼の本が焚書になることもなく、彼と同時代の人々にも勇気と希望を与え、さらに国王でさえもが啓蒙されるほどの影響力を持つに至った。二十一世紀の現在でも、我々はモンテーニュの著作によって、十六世紀にも二十一世紀にも変わらない人間的なもの、普遍的なものがあることを知ることが出来たのである。

私の父はモンテーニュの愛読者なので、二回目に私がボルドー周辺に行くときには、父も同行してもらった。モンテーニュの城館にはテラスがあり、そのテラスからは周囲の平原が眺望できる。城館は標高百メートルの丘陵の頂上にあるのであるが、テラスから下を見ると、丘陵から平原に至るなだらかな斜面も見ることが出来る。その斜面の大部分は森に覆われている。父はその斜面を見ながら、

「この斜面を二、三十人の野盗の集団が上ってきたこともあったそうだ」と言った。

ひととおり城館を見たあとの帰り道に、父はサン・ミッシェル教会のそばにある小

さな土産物屋で、モンテーニュの肖像の絵と、彼の「塔」の絵を一枚ずつ買った。そのモンテーニュの肖像画には、その傍らに〝Que sais-je?〟（クセジュ）という文が書いてあった。これはフランス語で、「私は何を知っているか」という意味で、モンテーニュの座右の句である。

私の父はこの二枚の絵を額に入れて、父の「塔」である三階の書斎に飾っている。父の書斎の机に座って前を見上げると、そこには理知的な瞳をしたモンテーニュの肖像があり、モンテーニュが私に向かって、

「君は何を知っているのか」と今にも語りかけてくるようである。

【フランス篇】
第十話「遺跡と港町」——プロバンスの町めぐり

私とK医師は、ベルギーのザベンタム空港からサベナ航空の飛行機に搭乗し、南フランス・マルセイユの空港に到着し、予約してあったレンタカーに荷物を積み込んだ。今回のレンタカーはメルセデスのCクラスで、当時はまだ珍しかったイモビライザー（盗難防止装置）付きの車だった。まずはマルセイユから九十五キロの距離にあるアルルという町に向かった。

アルル

アルルといえば、古代ローマ時代の遺跡が多いことで知られ、またオランダ人の画家ゴッホがゴーギャンと共同生活をし、名作「夜のカフェテラス」を製作した町としても知られている。この町はカエサルによるガリア平定後に、古代ローマ人によって建設され、当時はアレラーテとよばれていた。

最初にアルルの代表的な古代ローマ遺跡である円形闘技場（アリーナ）に行ってみた。ローマ時代のアルルの地図をみると、このアリーナは城門に隣接しており、当時の市街地の一番外れにあったことがわかるが、現在ではアリーナの外側までアルルの市街が広がっている。

このアリーナは紀元七五年ごろに建造され、直径（長径）は百三十六メートルであり、フランスにある古代ローマの円形闘技場では一番大きい。アリーナは、現在でも闘牛場として使われている。もちろん館内には、現代の使用目的に応じてライトなど現代的な設備が付加されているが、二千年前に闘技場として使われていた施設が、未だに公共施設として使用に耐えるというのは驚異である。

ベンチは大部分石造りのままである。この劇場は中世には、異民族の侵入を防ぐための要塞として使用されていたといい、そのためにかえって保存状態がいいのだという。私が以前訪れたヨルダンのボスラの円形劇場（古代ローマ人により造られた）も、中世には要塞として使用されていたことがあるというから、古代ローマ人の建造物は、中世の時代の人々からみても強固・堅牢だったということなのだろう。

アリーナから百メートルも離れていない部分に、ギリシア式の半円形劇場がある。この劇場も古代ローマ時代に造られたものである。

ギリシア式劇場は、観客席部分はかなり保存されているが、舞台に完全に残っているのは二本の大理石の円柱だけで、あとは一部の基礎部分が残っているにすぎない。現存する二本の円柱は「二人の未亡人」といわれている。この劇場も九世紀以降は要塞として使用されていて、オリジナルの姿に戻されたのは十九世紀になってからだという。

円形闘技場（アルル）。絵葉書より

なぜアリーナと比較して半円形劇場の保存状態が良くないかというと、この劇場にはイタリ

古代劇場（アルル）

ア産の大理石やアフリカ産の角礫石が使われていたため、中世の人々が住居等を作る際に石を持っていってしまったからだという。

　現在では出来る限りオリジナルの姿に戻され、コンサートやオペラの会場として使われている。ローマ時代には歌や演劇で人々を楽しませ、中世には要塞となってアルルの人々を守り、今また本来の目的に帰って人々を楽しませている数奇な運命を持つ劇場である。

　ぶらぶら歩きながら、コンスタンチン共同浴場跡に行ってみる。道行く人には地元の人も観光客も混じっているようだが、どちらかというと観光客の方が多いように思えた。アルルの旧市街は、赤茶色の瓦を用いた同じような形をした古い家々が密集しているところだった。現在のアルルの人口は約五万二千人だという。

コンスタンチン共同浴場跡の保存状態はあまり良好ではなかったのだが、浴場跡のそばからはローヌ川がよく見えた。ローヌ川はアルプスに源流があり、オランジュ、アヴィニヨン、アルルを通り、地中海に注ぐ川である。ローヌ川の水量は、パリを流れるセーヌ川の四倍もあるので川幅も広い。降雪前の季節だったこともあるのだろうが、川の流れは非常に穏やかだった。

ガールの橋

我々は次にアルルの近郊にあるガルドン川に架かる橋であるポン・デュ・ガール（ガールの橋）へ向かった。ミシュランの地図を見ながら、南フランスを北上していく。周囲は平原が広がり、進む道はどんどん細く頼りなくなっていく。

自分で運転してみると、プロバンスという地方は幾つかの比較的大きな街を除くと、大部分はこのような平原や湿原で構成されているのだというのが実感として理解できた。運転していくうちに、点在する農家の数もどんどん少なくなっていき、一瞬、私はこの道でいいのかなという気持ちになった。同時にこんなに時間をかけて、「橋」

を見に行く必要があったのだろうかとも思った。

アルルからすでに三十キロメートルほど走っている。そうこうするうちに、道は少し上り勾配になり、左にゆっくりカーブしはじめた。そのゆるいカーブを越えると、眼前にその「橋」が突然現われた。

ポン・デュ・ガール

逆光の中に黒々と浮かび上がる三層構造のアーチを持つ巨大な橋のシルエット。最初に思ったのは、「これが二千年前に造られた橋なのか」という驚愕である。同行したK医師も、私と異口同音に「これが二千年前に?」と言っていたのが印象的だった。この橋を見たときの印象深さは、ヨーロッパ滞在中、五指に入るものであった。外観の芸術性だけでも素晴らしいものがある。

ポン・デュ・ガールは紀元前十九年に造られた。ローマ帝国は、カエサルのガリア（今のフランス）平定後、ガリア人の領土であったこの地方に、ネマウススという都市を造った。これが現在のニームである。ネマウスス（ニーム）は当時のイタリアにあるローマ都市と同様に、フォーラムや円形闘技場や公衆浴場を持ち、ローマ軍団が駐留して周囲には城壁を巡らせたこの地域の戦略拠点であった。

ポン・デュ・ガールからのプロバンスの風景

このような戦略都市の人口を維持するためには、生活用水の安定した供給が絶対的に必要である。ローマ帝国はネマウススを維持するための生活用水を、そこから四十五キロメートル離れたユゼスにある水源地から運ぶために給水路を建設した。

ポン・デュ・ガールは、その給水路がユゼスからニームまでの経路の途中を流れるガルドン川を越すことを目的に造られた水道橋である。ポン・デュ・ガールの全長は二百七十五メートル、高さは四十九メートルという相当立派な物であり、その高さはビルディングに換算すると、十五、六階建てに相当する。

ポン・デュ・ガールは三層構造になっており、一番上が給水路で、二層目、三層目の部分は人が通行できるようになっているので、水道橋兼通行橋という一石二鳥の橋なのである。

ポン・デュ・ガールは、切り出された無数の石をモルタル無しで組み上げて建造してある。切り出された石は、最大で六トンもの重さになるという。ポン・デュ・ガールの三層目の部分を歩いて川を渡ってみると、二千年前に造られた橋を、いま自分の足で渡ることが出来るということにふたたび感動する。

橋からの景色は、直下にガルドン川が見える以外はほとんど森林だけといってもいい風景である。おそらくこの風景は、二千年前からそんなに変わってはいないであろう。我々はこの橋を歩いてガルドン川を渡ることで、二千年前にローマ人が歩いた場所で、ローマ人が見た風景を体験することが出来るのである。

我々が車を停めた辺りには、ヨーロッパの観光地に良くあるタイプの土産物屋兼カ

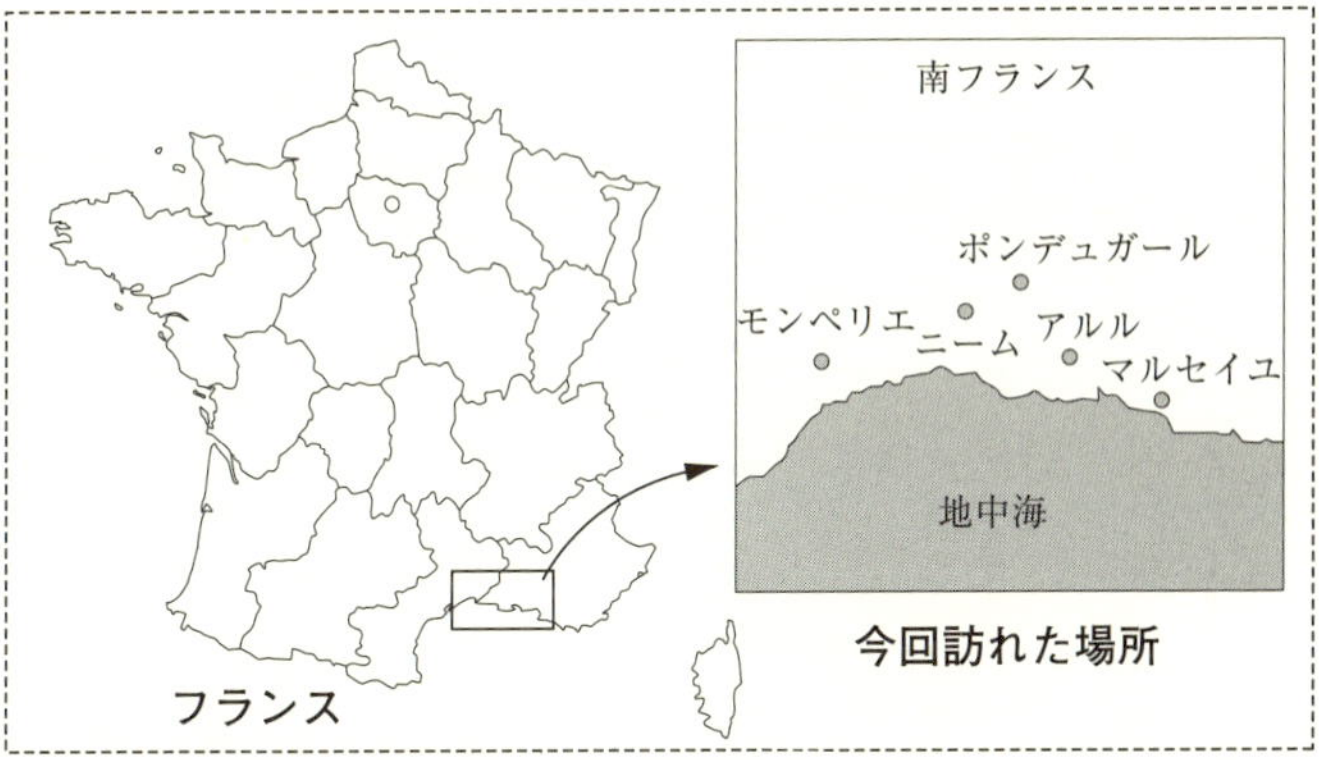

フェがあるが、二千年前には、そのあたりにはローマ帝国のポン・デュ・ガール管理所があったとしてもおかしくない。現在土産物屋があるあたりからは、ポン・デュ・ガールを一望でき、ローマ人が橋を管理するための駐屯所を作るとしたら、そこが最高の立地条件である。そこから見るポン・デュ・ガールは逆光に浮かんで、もっとも迫力のあるアングルでもある。

ところでローマ帝国の崩壊後、ゲルマン民族がこの地に侵入して初めてポン・デュ・ガールに到達したとき、そのゲルマン人たちはさぞかしびっくりしただろう。現代の我々でさえ度肝を抜かれるこの遺跡を、暗い森から現われた野蛮なゲルマン人たちが、呆けたような顔で見上げている様を想像するのは実に楽しいことである。

「こんな壮大な施設をこんな辺鄙なところにまで造ることの出来たローマ人が、どうして我々に負けたのか」と自問するゲルマン人がいたとしてもおかしくない。

その質問に対する私の答えは、「壮大な施設を造ることのできた頃のローマ人と、衰退期の頃のローマ人は別物だった。領土の拡張にともなう周辺民族の流入・混合、終わることのない戦争・内乱による優秀な人材の消耗、帝政や官僚制の腐敗などにより、いつの間にか志が高くて優秀なローマ人は少なくなっていき、ローマ帝国自体が変質していったのだろう」である。

この給水路には、外観の壮大さや美しさ、二千年の風雪に耐えた高度な技術以外にも誇るべき点がある。それは水源地であるユゼスと、目的地であるニームとの間には高低差がたった十七メートルしかないということである。十七メートルの高低差で四十五キロメートルの給水路を作るには、綿密な計算に基づいた緻密な設計が必要であることはいうまでもない。

私から見た方向からは向かって左が水源のユゼス方向で、向かって右が目的地のニームであるから、左から右に向かって傾斜がついているはずだが、目視ではまったくわからない。四十五キロメートルの間に、それほど微妙な勾配で、十七メートルを少しずつ少しずつニームの方向へ下がっていくのであろう。

ローマ帝国時代は、この壮大な給水路を維持するために、定期的にメンテナンスが行なわれていたのであろうと思われるが、残念なことにローマ帝国崩壊後にゲルマン民族が侵入した頃のヨーロッパは大混乱となり、せっかく蓄積された科学技術は失われ忘れられていった。ローマ時代の見事な建築技術や、それを維持するノウハウも忘却の彼方へ消えていった。

そのためローマ帝国崩壊後の四世紀頃から、ポン・デュ・ガールの配管には石灰質が堆積し始め、中世の人々は配管の補修方法を知らなかったため、とうとう九世紀には水が流れなくなってしまった。これはある意味、補修の技術的知識が失われてからも、五百年間はとにかく給水路が機能していたということを意味する。

ローマ帝国崩壊後も、五百年もの間ニームの人々に水を供給しつづけた給水路、これこそまさにローマ帝国の偉大な遺産である。

テレビの歴史番組で見たのだが、今でも北アフリカのチュニジアでは、古代ローマ帝国時代に造られた水路から得られる水を、現代のチュニジア人が生活用水として使用している地域があるという。二千年経ってもまだ使用に耐える水路とは、よほど古代ローマ人の技術は優れていたのであろう。

さらにこの給水路には、ユゼスの水源地での取水場所を北側の斜面にするなど、公衆衛生的見地からも充分の配慮がみられる。なぜ取水地を北側にするかというと、南側の日の当たるところと比べて北側の方が水温が上がらず、雑菌の繁殖を押さえることが出来るからである。医師である私としては、そのあたりの公衆衛生的なアイデアも大変興味深かった。

このようにローマの技術による建造物には、緻密な設計のもとに外観の芸術性や本質的な耐久性を追求するばかりではなく、それを使用する人間に対する配慮も最大限である点に特徴があると私は考える。私は古代ローマ遺跡を訪れるたびに、古代ローマの文明はその持てる技術を神や王のためではなく、人々のために惜しみなく使用したという点が素晴らしいなといつも思う。

インカ文明やエジプト文明は、ローマ文明とは違って王や神のための建造物を造ることに精を出していたように思える。ピラミッドや神殿などの巨大な建造物は、それを造るために徴発され、使役された人々の力を疲弊させることはあっても、決してその人々の生活の向上につながることはなかったと思う。

たとえそのような巨大な建造物が、当時はおろか現代においてさえもその威容を誇ることの出来る堂々とした大きさを持ち、たとえそれが数千年の風雪に耐えるものだったとしても、個人的にはそれらの建造物としての「格」は、ローマ帝国の遺跡よりも数段落ちると思っている。

ローマ帝国の場合、道路や橋を始めとして水道、公衆浴場、フォーラム、劇場など多数の公共建造物を造ることに、かなりの精力を費やしている。

それらの建造物は、おおむね公共の福祉に即しており、それらの施設があるのと無いのとでは、一般庶民の生活水準に雲泥の差が生じたと考えられる。そのような市民本位の政策を計画的に実行したことが、ローマ帝国文明の素晴らしい点であり、ローマ文明が世界で最初の世界文明になることが出来た理由の一つではないかと考える。

ポン・デュ・ガールは、もし近くを訪れる機会があったならかならず立ち寄ることをお勧めしたい場所である。ルソーはこの遺跡の前に立ったとき感動して、「なぜ自分はローマ人に生まれてこなかったのか」と呟いたという。

私自身も実際に訪れてみて、ポン・デュ・ガールの壮大さ、芸術性に大いに感心するとともに、この水道橋が当時のローマ人のためにどんなに役立ったことだろうとか、よくも二千年もの間、この状態で残っていたものだとか、そもそも二千年前によくもこの橋を設計し、建築することが出来たものだなとか、感動することしきりであった。もしローマ帝国というものをもっとも簡単に、もっとも劇的に知りたいのであれば、すぐにポン・デュ・ガールに行ってみるのがいいだろう。

あなたが良く晴れた晩秋の静かな日に、ポン・デュ・ガールの傍らに佇むとするなら、その昔、この給水路に流れていた一日当たり二万立方メートルもの流水が立てる響きを、二千年の時間を超越して感じることが出来るかもしれない。私がポン・デュ・ガールを訪れたときのように。

ニーム

ポン・デュ・ガールの次に訪れたのは、ニームという街である。ニームはローマ帝国初代皇帝アウグストゥスのもとで非常に繁栄したところで、その当時はネマウススと呼ばれていた。ニームは現在でも人口が十二万人あり、アルルよりも市街地の規模が大きい。

まずは円形闘技場（アリーナ）に行ってみる。アリーナの周囲には、広い環状道路が走っており、地図を見ると、このあたりが中世ニームの旧市街の一番外郭であると思われた。近くにある地下駐車場に車を停めて、アリーナを見学した。

アリーナの直径は百三十三メートルというから、アルルとほぼ同じ大きさである。外観もアルルのアリーナとよく似ていて保存状態もいいし、なかなか建造物としても見事である。ちょうど闘牛を開催していて、アリーナ周囲には、日本の野球場のようにチケットの窓口が仮設され、入場を待つ人々がたくさんいて賑わっていた。

円形闘技場（ニーム）。絵葉書より

窓口の中年の男性に、「アリーナの中に入れないのか？」と聞いてみたら、牛の真似をして、身振り手振りで、今日は闘牛があるからチケットのない人は入れないことを教えてくれた。二千年前に剣闘士と猛獣が戦った闘技場で、現在でも闘牛士と猛牛が闘っているということ、そして観客がその行為を楽しんで見ているという事実は、人間の娯楽とは二千年の年月を経ても本質的にそれほど違いがないことを示唆していて興味深かった。

それにしても、古代ローマの円形闘技場が、いまだに闘牛場としての使用に耐えるというのは驚きである。日本で、約二千年前の施設を未だに使用できるところがあるだろうか。以前、大手ゼネコンの営業マンから聞いた話だが、最近の日本の鉄筋コンクリートの施設は六十年を寿命として設計してあるのだという。

最初それを聞いたとき、「たった六十年？」と思ったのを覚えている。古代ローマ人がそれを聞いたらどう考えるだろうか。六百年か千六百年の間違いだと思うかもしれない。日本では伊勢神宮でさえ二十年に一遍立て直すという文化であるから、古代ローマとは文化的に対極にあるともいえると思う。

ヨーロッパは地震がないから建物が長持ちするという説もあるが、ヨーロッパも長いスパンで見れば、大地震に遭遇している。そのために古代ローマ人は建物を造る際に、適当に造るのではなく精密な設計図を作り、建材の石を正確に切り出してモルタルを使わずに空積みし、ストレスのかかる部分にはあえて空隙を造って弾性を保つようにした。そのような科学的根拠があったからこそ、ローマ人は耐久性に優れた建造物を造ることができ、現代の我々もその驚異を堪能することが出来るのである。

　次にメゾン・カレを見学する。名前がただのメゾン・カレ（四角い家）とはそっけないが、この建物は紀元前一世紀（ローマ時代）に建てられた神殿で、アリーナからは一本道で行ける。メゾン・カレを実際に見た印象は、私にはローマ時代というよりギリシア時代の建物のように見えた。正面から見ると六本のコリント式の円柱を持つ神殿である。

メゾン・カレ（ニーム）

　メゾン・カレは、ニームのような交通の要衝にでもなれば、今でもどこかに人知れず埋もれているような典型的なギリシア風神殿の雰囲気を持っている。きっとギリシアやシチリアやトルコの草深い田舎には、メゾン・カレのような神殿がひっそりと、半ば埋もれながら存在していることだろう。このメゾン・カレの保存状態は例外的に良いが、それはこの建物が中世の頃より厩舎、教会、博物館などとして転用されていたからだという。

メゾン・カレの右隣にガラス張りの建物があり、非常に清潔感のあるモダンな建物だったので、私はむしろそちらの方に興味があった。学生風の若者が頻繁に出入りしているので、てっきり美術専門学校か何かと思っていたが、これは一九九三年に建てられたカレ・ダールという建物で、内部には現代美術館、図書館、テラスのあるレストランがあるという。きっとニーム市内で一番お洒落な場所の一つなのであろう。

ニームではアリーナ周辺でも、メゾン・カレ周辺でも、古代の建造物と現代の活気ある人々（闘牛を楽しむ人々やカレ・ダールに出入りする若い人たち）が好対照をなしていて、私には印象的だった。

モンペリエ

ニームを出発した我々は、次にモンペリエに向かった。ニームからモンペリエまでは約五十キロの距離がある。モンペリエは古い街で、イタリアのボローニャに次いで、ヨーロッパで二番目に創立が古い大学を持つ街である。モンペリエ大学は十三世紀創立だという。

またヨーロッパで最古の医学校は、モンペリエに一一三七年に創設された。モンペリエに医学校が出来た当時、アラブ世界とキリスト教世界は十字軍遠征という戦争を通じて「国際交流」していて、その結果、アラブ世界の学問（科学など）が新たな学問として中世ヨーロッパに知られるようになっていった。

ギリシア・ローマが滅亡した後、ヨーロッパ世界はゲルマン民族の侵入により大混乱となり、ギリシア・ローマの科学は、いったん忘却の彼方へと追いやられてしまう。逆にアラブ世界の方はヨーロッパ世界に比べると、地域の情勢が比較的安定していたので、ギリシア・ローマの科学を継承し、多少なりとも発展させることが出来た。つまり今では想像もつかないことだが、当時はヨーロッパよりもアラブの方が科学に関しては進歩していたのである。

我々が現在でもよく耳にするアルカリ、アルコール、アルデヒドという言葉も、アラブ人の言葉に由来し、それがヨーロッパに伝わったものだという。古代ギリシア医学の代表であるヒポクラテスの教えも、中世ヨーロッパにふたたび知られるようになったのは、アラブ世界を通じてである。

古い大学のあるモンペリエであるが、現在でもここは大学の町として知られ、人口

(二十一万人)のうち四分の一は二十五歳以下の若者であり、南フランスでは周囲に例を見ないほど活気を持つ町であるという。そのモンペリエで、私は町の中心地に向かう途中に大規模な学生のデモに遭遇し、しばらくの間、前に進めない状況になってしまった。

ことの始まりは、私が町の中心地に近い広い通りで赤信号の交差点で停車していると(私が一番先頭だった)、やにわに横から警官が出てきて、私に向かって警棒を左右に振りはじめた。このサインは、見ようによっては「行け行け」だし、見ようによっては「行くな行くな」である。判断がつきかねた私は結局、信号が赤なので、信号に従って停車していることにした。

そうすると、私から見て右側の道路から、二百人ほどの学生の一団がうじゃうじゃと現われて、たちまち片側三車線もある道路は、大勢の学生によって埋め尽くされてしまった。彼らはいっせいに何やらシュプレヒコールを叫び、周囲は結構、騒然とした雰囲気になってきた。

もちろん信号に関係なく、学生の一団は広い交差点にどんどん進入してくる。さっきの警官はデモ隊がここに来るのを知っていて、信号が赤でも先に行くように私に促してくれたのであろう。

学生の一人一人は特に不穏な雰囲気はないのだが、一度にデモ隊が二百人くらい集まると、やはり相当の迫力である。私が見たモンペリエのデモ隊の特徴は、日本の学生と違ってプラカードを持っている者が少ないことで、そのかわりに垂れ幕のような物を持っている学生たちの姿が比較的多かった。

このデモ隊は、この交差点を通り過ぎるだけなのかと思ったら、何とこの交差点に大勢で居座ってしまった。もしかしたら、目指す行政機関がこの交差点に面した建物のどこかにあるのではないかと思われた。

一部の学生は、交差点の道路上に大の字に寝転がりはじめた。「ダイ・イン」という示威行動である。これではしばらくの間、車を動かすわけには行かない。さりとてデモの性格がわからない以上、車から下りるのも危険かもしれない（外国人はヨーロッパから出て行けというデモかもしれないし）。

私は学生時代にデモをやったりする世代ではないので、学生のデモというものをそもそも初めて見た。待っている我々の車を尻目に、学生たちは雄叫びをあげる。長い間待たされた後続の車には、クラクションをならすものもいる。そのクラクションの音を聞いた学生は、また雄叫びを一斉にあげる。

ところでフランスは日本では知られていないが、「警察国家」ともいえる側面を持っている。しかし、このモンペリエの学生デモでは、警官隊はデモ隊を抜け目なく包囲をしていたが、ただ傍観するのみで、催涙弾を発射するなどの派手な行動はなかった。

私が一番心配したのは、よくCNNのニュースでやっている暴動のように、デモ隊が車に放火したり、車をひっくり返したりすることだった。何しろ私が車の先頭なのである。後続の車は、お構いなくクラクションを鳴らしつづけるのだが、一番前の私は、すぐ目の前に学生の集団がいるわけで気が気ではない。いつそのクラクションに刺激されたデモ隊が車の方に向かってくるかは、外国人の私にとっては予断を許さない状況だったのである。
二、三十分、そこで通行止めを食らっていると、そのうち学生の集団は三々五々移動を始めた。いったん移動するとなると、彼らは迅速に交差点からいなくなっていった。そのデモを指導していたのは、どの人物だったのか、一番近くにいる私にもわからなかったが、なかなか水際立った統率振りであったようだ。

このように予期せぬ足止めを食らったので、我々が目的としたモンペリエの中心地に近い部分にあるプロムナード・デュ・ペルーという十七世紀に造られた公園に到着したのは、もう日が沈んでからだった。

夕暮れの薄明の中、我々は凱旋門やサン・クレマン水道橋を見学した。十八世紀に造られたというサン・クレマン水道橋もなかなか見ごたえがあったのだが、ポン・デュ・ガールを見た後では、さすがに印象が薄いのは否めなかった。二千年前に造られたポン・デュ・ガールが現存しているのだから、十八世紀に造られた水道橋が現存しているのは当たり前という感覚になってしまった。

たまたまモンペリエで、元気な学生たちのデモに遭遇した結果、私の中ではモンペリエ＝学生の町というイメージが強く定着した。

マルセイユ

モンペリエで日が暮れたので、モンペリエからマルセイユに戻るまでは夜間の運転となった。モンペリエからマルセイユまでは百六十五キロあるが、おおむねもと来た道を戻るだけだったので、特に問題はなかった。

宿泊しているホテル「メルキュール・ボーヴォー・ヴュー・ポール」に帰ってきて一息ついて、晩御飯を食べることにした。このホテルは、マルセイユの旧港を見下ろすように建っている絶好のロケーションのホテルである。

ホテルのフロントの女性に、「一番ブイヤベースが美味《おい》しい店はどこか」と尋ねて、表通りではなく一本通りを入ったところにある「シェ・ルーリィ」というレストランを教わって、そこでブイヤベースを食べた。

本場のブイヤベースは思ったとおり濃厚で、付け合わせに出たアイオリと呼ばれるニンニク風味のマヨネーズのような白いクリーム状のペーストを熱いブイヤベースに溶かすと、さらに味が引き立って美味しかった。ただし私は、アイオリをいささか多量に入れすぎたようで、次の日にニンニク臭かったし、胃のもたれも少々あった。もし今度マルセイユでブイヤベースを食べる機会があったら、あのペーストはちょっとだけ入れるようにしようと思う。

次の日、我々はまず、マルセイユの旧港をぶらぶらと歩いてみた。旧港には多数のヨットが停泊しているが、それ以外に小型の漁船も多い。その漁船の船長やおかみさんが、その日取れた新鮮な魚介類を販売している。魚介類は見るからに新鮮で、マルセイユの人々は日本人と変わらないくらい魚を食べるということを知っているのだろうなと思った。こんな新鮮な魚を、ニンニクやオリーブオイルを使って調理しているのだから、ブイヤベースも美味しいわけである。

旧港（マルセイユ）

魚を美味しく食べるという意味で、私は南フランスに非常に親近感を覚えた。同じフランスでも、北海に面している地方や内陸部では魚に対する調理法も違うし（バターが主体）、同じヨーロッパでも、オランダやドイツでは魚料理はあまり一般的ではないからである。

次にマルセイユの旧港のほぼ先端にあるファロ宮に行ってみた。旧港からファロ宮までは単調に坂を登っていく。自動車は傍らをどんどん通り過ぎるが、この坂を歩いて登っているのは、私とK医師の二人だけである。

ファロ宮までは一見近そうに見えたが、歩いてみると結構な距離があった。季節は十一月だったのだが、ミストラルの前兆とも思える冷たい強風が吹いて、とても寒かった。

ファロ宮に上がってみると、風はさらに強く、さらに冷たく感じられたが、空には雲ひとつなく真っ青で、十一月だというのに紫外線は非常に強く感じられた。北風はなみの風ではなく、息もつけないくらいの強風で髪の毛も逆立つと思われるほどであったが、ファロ宮からの眺望はなかなか素晴らしかった。

ファロ宮からみたサン・ジャン要塞（マルセイユ）

ファロ宮からは、マルセイユの市街や旧港が一望でき、その下方に二つの要塞、サン・ジャン要塞とサン・ニコラ要塞が見える。

この二つの要塞は、マルセイユの湾を両側から押さえる重要な要塞だったのであろう。この二つの要塞はマルセイユの湾の北側と南側に存在し、その部分で湾は狭くなり、湾の幅は約百メートルちょっとになる。その両側に堅固な要塞があったのだから、マルセイユの海からの攻略は、かなり難しかったのではないかと思われる。真っ青な空を反映して眼下の地中海も真っ青で、湾の近くにはイフ島という島が浮かんでいるのが見えた。

次に我々が向かったのは、ローマ時代の遺跡である。マルセイユは、ローマ時代はマッシリアとよばれた港湾都市であった。ローマの将軍であるジュリアス・シーザー（カエサル）が、最初に武力征服したガリア人の都市である。しかしながら、マルセイユはその後も自由都市として貿易を行なうことが出来た。

現在の旧港の北東部には、二千年前の荷揚げ倉庫の遺跡があり、現在では「古代ローマ陸揚げ倉庫博物館」として公開されている。ちょっと判りにくいところにあるようで、通りすがりの人に二回、博物館の場所を尋ねてみたのだが、二人とも中年の女性だったが、「知らない、判らない」と言われた。

三度目の正直とばかりに、スーツを着た年齢五十歳代の男性に尋ねてみたら、「そこは判りにくいので、一緒に行ってあげよう」といわれた。それで彼と一緒に歩いていく道すがら、彼は地元の住民ではなく、たまたま今日はマルセイユに帰って来ていたところだったのだと教えてくれた。生まれはマルセイユなのだが、現在はスイスに住んでいるのだという。

スイスでどういう仕事をしている人なのかは聞かなかったが、そのビジネスマンは、見ず知らずの私たちに対して非常に親切で友好的だった。母国を離れている人の方が外国人としての苦労を知っているから、困っている外国人に対してもやさしく接することができるのかもしれない。

ところで、マルセイユのギリシア・ローマ時代に関しては歴史的研究が進んでおり、当時アゴラがあった場所やギリシア神殿があった場所も同定されている。当時の海岸線に面した位置に、その「陸揚げ倉庫」が存在するが、その付近は長年の土砂の堆積により、現在では完全な陸地になっている。

博物館に着くと、一見周囲の建物と変わらないつくりで、博物館の入り口もわかりにくかった。ここまで私を案内してくれたビジネスマンにお礼を言ってから、博物館の入り口のドアをあけた。そのビジネスマンは軽く手を上げて、もと来た道のほうに戻っていった。

博物館に入場してみると、この建物は地下にある「陸揚げ倉庫」の遺跡の上に、建物を被せて作ったような構造になっていた。内部は小さな体育館のようなスペースになっていて、その床がガラス張りになっていた。それで我々は古代ローマ時代の「陸揚げ倉庫」の上を、自由に歩き回ることが出来るのである。

ここでの見ものは、昔ワインを貯蔵し運ぶために使用した壺がいくつも残っていることで、壺が発掘されたままの姿で発掘された場所に並んでおいてあるのを見ることが出来る。ワイン壺は高さが八十センチくらいある大きい物で、半ば壊れたものもあるが、完全な姿のものも多く見られる。

ところで、この「陸揚げ倉庫」はなぜ放棄されたのであろうか。土砂の堆積により、その周辺が海岸線からやや遠くなったこともその理由の一つであると推測できるが、それならば、どうして無傷のワイン壺がいくつも残されているのかということに疑問が残る。海岸線から遠くなったから放棄されたのなら、無傷のワイン壺を、こんなところに放置しておかずに、新しい陸揚げ倉庫で使用すればよかったはずである。

私はこの「陸揚げ倉庫」は、歴史上の混乱期に通常の商業活動が出来なくなり、その時期に商品を陸揚げする者もいなくなり、荒廃していつのまにか放棄されて遺跡になったのではないかと思う。

西ローマ帝国の崩壊にともなって、西ローマ帝国領だった地域（例えば現在のイタリア、フランスなど）は、ゲルマン民族の侵入により大混乱となり、この時せっかくギリシア文明を継承して発展させたローマ文明は、いったん無になり、ヨーロッパの文化・文明は荒廃し衰退した。

混乱期の間に失われた知識としては、公共建造物を建造し維持する科学的知識、演劇や芸能などの文化、公衆衛生的習慣（入浴）などが挙げられるし、それ以外にも有形無形の多くの貴重な知識が次々に失われていった。

社会基盤の崩壊にともない衛生環境の悪化もみとめられ、人々の平均寿命は短くなったといわれている。これがこれから長く続く中世の暗黒時代の始まりである。おそらくこの大混乱の時期、通常の商業活動が停止することを余儀なくされたその時期に、この「陸揚げ倉庫」は放棄されたのではないかと私は思った。

ガリア（今のフランス）に侵入し、略奪をほしいままにしたゲルマン民族が、この倉庫を発見したとしても、小麦粉や麻などを略奪することは考えても、壺に入ったワインは「腐って発酵してしまったぶどうジュース」くらいに考えて、そのまま放置したのではないかとも思われる。ゲルマン民族も、定住するうちにワインの美味さを知るようになったのは間違いはないが、それは後年になってからのことだろう。

その後、我々は海洋博物館を見学した。古きよき時代のポスターや舵や錨や潜水服などが展示してあり、マルセイユと海との長いつながりを再認識させるものだった。特に私の興味を引いたのは、フランス植民地主義時代のポスターで、「アフリカへ行こう」というポスターである。

このポスターを見て、「よし、俺もアフリカに行って一旗挙げよう」と思ったフランス人がたくさんいたのだろう。マルセイユは、フランスのアフリカ植民地経営の一つの拠点だったのである。逆にフランスの植民地にされていたアルジェリア、モロッコ、チュニジアの人々にとっては、その時代は決していい時代とはいえなかっただろう。

ところで、マルセイユは海抜百六十二メートルの丘の上にあるノートルダム・ド・ラ・ガルド教会のテラスから見るのがもっとも素晴らしいといわれている。そこで私は、ノートルダム・ド・ラ・ガルド教会に行ってみた。旧港付近から教会まではタクシーで行った。教会に行ってみると、「この教会は一種の要塞みたいなところだな」という印象を持った。

ノートルダム・ド・ラ・ガルド教会からみた市街（マルセイユ）

教会は独立した丘の上にあり、教会からはマルセイユが一望できるどころか、三百六十度の視界がある。しかも教会へ至る道は急峻で、徒歩では上るのも大変（＝攻略しにくい）だったであろう。視界が良くて攻略しにくいとすれば、この教会は充分戦術的拠点になりうるのである。

実際、ガルドとは監視兵の意味であるし、第二次大戦時には、この教会は連合軍の空襲を受けている。ヨーロッパでは、宗教施設が軍事施設に転用される例が多く、フランス北部にあるモン・サン・ミッシェル（観光地として有名な修道院だが英仏戦争時は要塞化された）やイタリアのモンテ・カッシノ（古い僧院だが第二次大戦で完全に破壊された）はその代表的な例である。

ところでファロ宮と同様、この教会も丘の上にあるだけに北風が強い。しかし、ノートルダム・ド・ラ・ガルド教会からの眺望は素晴らしく、晴天のために視界が良いこともあって、近郊の山々からその山すそに広がる市街地、旧港、港の周囲の島々も一度に眺望できた。

教会から帰る段になって、客待ちのタクシーもいないし、バス乗り場があるはずなのだが、場所がまったくわからない。これではマルセイユ市街に帰ることも出来ないので、教会の案内窓口に、バスの停留所がどこにあるか聞いてみることにした。案内窓口には、相当の年齢の修道女が一人でぽつんと座っていた。帽子を被り、老眼鏡をかけたやせた老修道女に、我々は、

「バス乗り場はどこですか?」と尋ねてみた。すると老修道女は、

「バジリク?」と言う。何かちょっと違うような気がしたが、

「ウィ」と言うと、彼女は左手の奥の方に行けと、身振り手振りで教えてくれた。それでその方向に行ってみると、そこにはバス乗り場はなく、聖堂(バジリク)があるだけであった。それでふたたび案内窓口の方に戻って、

「バジリクではなくて、バス乗り場はどこですか?」と聞いてみると、彼女は質問の内容が理解できなかったらしく、

「ケセクセ?」と言った。ケセクセとは、「それは何ですか?」という意味である。

結局どうにも通じないので、いったん彼女に聞くのをあきらめて、自分たちで探してみることにした。しかし、どうにもバス乗り場がわからないので、もう一回さっきの案内に行ってみることにした。

するとと先ほどの老女は、我々がふたたび近づいてくるのを察知すると、明らかに困惑した顔でうつむいてしまった。きっとまた訳のわからないことをいう連中が来たと思って困ってしまったのだろう。

「仏の顔も三度」というが、我々が三度目に目の前に現われたときは困惑した表情を隠せなかったので、「修道女の顔も三度」なのだなと思った（慈悲深そうな修道女だったが）。

結局、困った私たちは、教会に備わっていたまともに動くのかどうかもわからない古い公衆電話にコインを入れて、そこに書いてあったタクシー会社の広告を見てダイヤルし、

「ノートルダム・ド・ラ・ガルド教会までタクシーをお願いします」と頼んだ。すると電話の相手は、

「ウィ（はい）」というので、電話を切って半信半疑でタクシーの来るのを待っている

と、十分ほど経ってタクシーが来たので、何とか教会から帰ることが出来た。「あの時、よくマルセイユで電話でタクシーが呼び出せたね」と後になって、K医師と二人で語り草になったほどである。なにしろその日の夕刻四時三十五分発の飛行機でブリュッセルに帰らなければならなかったので、時間があまりなかったからである。結局、探していた「バス乗り場」はタクシーで丘を下っていく途中、かなり丘を下ったところにあったのが見えた。

ところで、昔からマルセイユはヨーロッパ第一級の港を持ち、私の曽祖父、内田賢助がヨーロッパに留学するときも、日本を船で出発して喜望峰経由でマルセイユに上陸した（飛行機のない時代だった）。したがって私とマルセイユは、あながちまったく関係ないわけではない。

私の曽祖父にとっては、初めて見たヨーロッパがマルセイユだったわけであるが、彼はマルセイユを見て、どのような印象を持ったのであろうか。そのときの彼の状況になったつもりで、改めてマルセイユという街を眺めてみることにする。

まず、マルセイユに向かって船が入港してくるとき、最初に目に入るのはデュマ作「モンテクリスト伯」で主人公が幽閉されたという設定となったイフ島にあるイフ城であろう。イフ島はマルセイユの港のすぐそばに浮かぶ島の一つである。島の中に城があるというより、島全体が城のようになっている風景は、彼が「モンテクリスト伯」を読んでいても読んでいなくても、ちょっと不気味な印象を持ったかも知れない。

次にさらに船が港に近づくと、目に入るのは、やはり先ほど述べた二つの要塞であろう。船が湾に入っていくときに両側に迫る要塞を見て、彼はここがヨーロッパでも有数の要衝の地であることに気付いたことと思う。

さらに眼を右側に転じると、丘の上にはノートルダム・ド・ラ・ガルド教会がそびえている。さらに港に接近すると、旧港には大小の船舶が停留し、埠頭は行き交う人々で賑わい、一様に赤茶色の屋根と白い壁で統一された市街地が見えてくるようになる。

上陸後に彼がマルセイユの市街地を歩いたとき、その市街地は広くて奥行きもあり、道路は幅も広く整然と舗装されていることや馬車が行き交っていることなども興味深かったと思う。

また、市内にある幾つかの教会が石造りで窓の代わりにステンドグラスをはめ込んであること、日中の気温の高い時刻でも教会内に一歩入るとひんやりとしていること、カトリックの高僧が身につけている服や儀式と仏教の高僧の服や儀式との間に、なぜか共通点があることなどを見抜いたかもしれない。

また、マルセイユにはフランス人や植民地出身のアラブ人、黒人に至るまで、色々な人種の人々がいることに興味を覚えたかもしれない。当時、日本の大学の教官にはヨーロッパ人がかなりいたから、ヨーロッパ人自体は彼にとってはそれほど珍しい存在ではなかっただろうし、フランス語も話せたので、言葉にも不自由しなかっただろうが、アラブ人や黒人は彼にとっては珍しかったかもしれない。

曽祖父も医者であったので、黒人の手の平が白いのを初めて見て、「何故、手の平だけ白いのだろう」と人類学的な興味を覚えたかもしれない。

また、埠頭で漁師が直売している新鮮な魚介類を見て、「なんだ西洋人も魚を食べるではないか」と思って安心しただろうし、レストランに入って食事をしてみれば、取れたての魚介類をオリーブオイルなどを使っておいしく調理したものが出てきて、「日本でいわれているフランス料理とは違うな」と思ったことだろうし、「こんなに魚がうまいならヨーロッパでの食事も捨てたものじゃないな」と思ったことだろう。

その後、留学先のミュンヘンやウィーンという内陸の都市で、彼はソーセージやカツレツやジャガイモばかり食べることになり、あとになってマルセイユでの食事を懐かしく思ったことも、きっと一度や二度ではないだろう。

それはともかく、自分の先祖が初めて上陸したヨーロッパの町を訪れることができ、それだけでも今回は意義のある旅だった。いつか機会があるならば、船に乗ってマルセイユに行ってみたい。そうすれば、大昔に曽祖父が船から初めて見たマルセイユを追体験することが出来るような気がする。

それは今からでも十年後でも二十年後でも決して遅くないと思う。なぜならマルセイユの市街は、百年以上前からほとんど変わっていないのだから。ヨーロッパの町は戦争などで破壊されても、またまったく同じように再生されるだけなのである。

あなたが現代のヨーロッパの地方都市を訪れたとき見た景色は、おおよそ百年前の誰かが見た景色とそう変わらないといっても良いくらいである。おそらく今から百年後のマルセイユも、湾には要塞が存在し、旧港には無数の船舶が停留し、丘の上には教会がそびえていることだろう。そして地中海はいつまでも青く、冬にはミストラルは容赦なく吹き付けるのだろう。変わらない場所、それがヨーロッパなのである。

【イタリア篇】
第十一話「冴えなくも素晴らしい日々」——シチリア島

イタリア南部にあり地中海に浮かぶ島、シチリア島に行った。シチリアに関しては、様々なステレオタイプなイメージが存在する。

例えば地中海の明るい陽光に恵まれた島、青い海に囲まれた島、シチリア風スパゲッティの発祥地で海の幸が豊富な島、富士山みたいな形をしたエトナ山のある島、地図で見たイタリアが靴だとすると、シチリアはつま先にある石のような島、マフィアの発祥地、イタリアで一番犯罪件数の多い都市のある島、などポジティブなものからネガティブなものまで、色々なイメージがあるだろう。

シチリア島を実際に訪れてみた結果、それらのステレオタイプのイメージはよく当

シチリア島図

たっている部分もあるし、そう単純には割り切れない部分ももちろんあるということがわかった。

今回のシチリアへの旅は、アムステルダムにある旅行会社を通じてアムステルダムの近くのスキポール空港から、シチリア島のパレルモへ行く方法をとった。スキポール空港までは自動車で行き、そこにある長期間駐車用のパーキングに車を止めた。

この長期間駐車用のパーキングは、スキポール空港からはかなり遠いが、料金が安いのでオランダ人はよく利用するようである。そのパーキングからは空港への無料のシャトルバスが運行していて、そのバスに乗ってスキポール空港に向かうことができる。

この長期間駐車用のパーキングに止める人は、長期旅行をする人たちばかりであるので、考えようによっては車上狙いをやり放題のような気がするが、おそらくは駐車場のセキュリティも厳しいので心配はないのであろう。

通常どおり航空会社にチェックインし、飛行機に乗り込み、私は順調にパレルモの空港に到着した。天気が良かったので、シチリアに到着するまでに、北イタリアから南イタリアまで、イタリア半島の大部分を眼下に収めることが出来た。

飛行機がパレルモ空港にまさに到着しようというとき、飛行機の窓からは切り立った岩山が見えた。まさに空港の傍らに山があるという感じだったので、かなり奇異に感じた。その岩山はいきなり大地から直立したかのように険しく、乾いた砂のようなベージュ色で、山肌には背の高い樹木の存在は認められなかった。さらに強い太陽光線のもとで光と影のコントラストが激しく、岩肌のぎざぎざした感じがかなり強調されていたことも、私がその岩山を奇異に感じた理由の一つであったと思われた。

その岩山と空港の奇妙な取り合わせを見たとき、私は自分がこれまで訪れた場所にはない気候風土を、シチリア島に感じた。それでこれから始まろうとしているシチリア旅行への私の期待は、弥《いや》が上にも高まった。

他の乗客とともに飛行機のタラップを降りて、パレルモの飛行場の大地に降り立つ

パレルモ空港に隣接する岩山（パレルモ）

と、太陽光線が西ヨーロッパより一段と強いことを、自分の肌で感じることが出来た。

シチリア島から少し南下すると、もうアフリカ大陸なのであるから、太陽光線が強いのも無理もないと思われた。そのまま歩いて飛行場の建物に移動する。特に先導をする空港スタッフもいないが、飛行場に降り立っても、まずはパスポートコントロールを受けなくてはならないので、建物の中に入るしかない。だから、皆黙々と空港の建物に吸い込まれていく。

建物に入ると階段があり、飛行機の搭乗客はそこを上っていった。空港の建物は迷路のようになっていて、建物は大きいのにほとんど無人であり、活気というものが感じられない。エスカレーターや階段を上ったり下りたりするが、途中ほとんど空港関係者を見かけないので、このまま勝手に職員用の通用口から外に出れば、そのまま密入国できるような気もしたほどである。

どこに行けばパスポートコントロールを受けられるのかは、初めて利用した空港なので私には判らなかったが、同じ便の搭乗客の中には、この空港を何回も利用したことがあるのか、迷わずさっさと歩いていく人たちがいたので、私はその人たちの流れに付いて行った。

かなり歩いたところに、やっとパスポートコントロールが現われた。一応国際線なのだが、EU圏内からの航空便だからか、パスポートコントロールといってもかなり簡単なものだった。係官は無愛想だったが、これはどこに行っても、政府の職員に愛想のいい人はあまりいないので仕方がない。

空港の建物から出てタクシーに乗り、ホテルに向かった。空港からホテルのあるパレルモまでは、ミシュランのガイドブックによると、三十キロメートルとのことだった。パレルモはシチリア州の州都であり、人口は約七十万人で、シチリア島内の一番大きな都市である。いつもならホテルは自分で調べて予約するのだが、今回はアムステルダムの旅行会社が予約してくれたところに宿泊した。

パレルモで泊まったホテルは、なぜかミシュランのガイドブックに掲載されていなかった。ミシュランのガイドブックにはよっぽど小さいところ、例えばペンションのようなところは載っていないものの、たいていのホテルは掲載されているので、逆にミシュランに掲載されてないホテルというのがどんなところかちょっと心配でもあり、興味深くもあった。

タクシーを降りると、そのホテルは結構大きくて、立派な玄関を持っていて、なかなか由緒のあるホテルのように見えた。ホテルのフロントで予約をしてある旨を告げると、ちょっと無愛想なフロント係の老人は、型どおりのカードを持ってきて、ここに名前や住所などを書き、パスポートを見せろという。

言われた通り書類に書き込みをしてパスポートを渡すと、フロント係は部屋の番号を教えてくれて、部屋の鍵を渡してくれた。フロント係はイタリア語しか話さなかった。私はフロント係が私のパスポートを返してくれるのを待っていたが、彼は私に、いっこうにパスポートを返してくれる気配はない。

「パスポートを返してくれ」と私が言うと、フロント係は、「あとで」と言う。

イタリアでは外国人がホテルに宿泊する際、ホテル側がその外国人客のパスポートをいったん預かり、当局（警察）に番号等を照会し、問題がないことを確認してから返却することを義務づける法律がある。その法律はムッソリーニ時代から継続して施行されている歴史的遺物のようなものであるが、治安の悪い国では、このような措置も止むを得ないのかとは思う。

しかし、イタリアで起きる犯罪の大部分が、イタリア人自身によって引き起こされるということを考えると、外国人に対する規制を厳しくすることに現在どれほどの意味があるのかは判らない。西ヨーロッパでは、ホテルでパスポートをいったん取り上げられるということはないので、なんとなく嫌な感じがした。

考えてみれば、ローマでもナポリでも同様のことをされていたことをあとで思い出した。もちろん私のパスポートは、フロント係からあとで無事返してもらったわけであるが、知らない土地でパスポートを人に預けたままでいるのは、ちょっと不安なものである。

まだ明るいうちにホテルに着くことが出来たので、パレルモ市街を歩き回ってみた。ホテルから一歩外に出ると、その自動車の多さとシチリア人のめちゃくちゃな運転を見ることによって、ここは他のヨーロッパの雰囲気とは違うぞと思った。

実際に歩いてみると、シチリア島の道路上で一番弱いのは歩行者のようだ。歩行者より強いのはオートバイ、オートバイより強いのは自動車、自動車より強いのはトラック・ダンプというヒエラルキーが明確に存在するように思える。とにかく歩行者は、気を付けなければいけない。

パレルモの市街地の幹線道路には信号機が存在するが、旧市街の込み入ったところには信号機はない。信号機のない道路では、車の流れを見計らって自分の判断で横断しなければならないが、自動車の数は多く、それらの車は旧市街の一方通行の石畳の道を、アクセル全開で次々と走り抜けていく。

もし歩行者が道路を渡ろうとすると、走っている車は停車したり、速度を緩めたりするどころか、かえってスピードを上げてクラクションを鳴らして、歩行者を押さえようとする。切れ目なく車が続いてくるときは、いつまで経っても道路を渡れない。譲ってくれる車が一台くらいはありそうなものだが、絶対に自動車優先である（歩行者が若い女性ならば譲ってくれるかもしれないが）。

オランダやイギリスでは横断しようとする人をみかけると、気前良く停止してくれる車が多いだけに、ヨーロッパといっても色々だなと思わせる。

またシチリア島の都市には、他のヨーロッパの都市とは違って歩行者用の道路がないので、歩行者は自動車を避けながら歩かなければならないので気を使う。信号のある交差点でも、赤信号無視の車が突っ込んでくるので、西ヨーロッパからきた人間には、道路を歩くということだけでも最大限の注意を払わなければならない。

ホテルは有名なクアトロ・カンティの比較的近くにあったので、クアトロ・カンティに行ってみた。クアトロ・カンティとは「四隅」という意味で、歴史的建造物に囲まれた交差点のことである。行ってはみたものの、とにかく道を行く車の排気ガスやクラクションがすごくて、とてもゆっくり鑑賞する気持ちにはならなかった。せっかくの歴史的建造物も、自動車の排気ガスで黒ずんでいたし、全体的な雰囲気の悪さは、旅行者にとっては残念なことである。

パレルモでは、どこに行っても人通りの絶えることはなく、自動車も排気ガスを撒《ま》き散らしてたくさん走っていた。そのパレルモの繁華街で、私は面白い店員に出会った。その店員は、私がジャケットを買おうと思って入った洋服屋にいた。

日本でいえば紳士服の青山のような大きな店で、店内にはたくさんのジャケットやスーツが並んでいる。店員もたくさんいるし、お客もたくさんいて、忙しい街にふさ

わしい忙しい店のようである。一番近くの店員に声をかけてジャケットがほしい旨を伝えると、その店員は私に、

「中国人、日本人?」と聞いてくる。私が、

「日本人」と答えると、彼は大げさなポーズで、

「へえ、私は日本人と話すのは初めてだよ」と言った。

「おまえたちは精巧な時計を造ったり、壊れないラジオを造ったりして、どういう連中なのかと思っていたよ。今日から俺たちは友達だな」とやたら調子のいい奴である。しかも彼は他の店員に向かって、

「おーい、俺は日本人と友達になったよ」と叫んで私と腕を組む。私はちょっと恥ずかしかったが、他の店員はただ笑って見ているだけである。それから彼は私に合いそうな大きさのジャケットを色々持ってきてくれ、最終的に私は一つ選んでそれを買った。その店員はイタリア語しか話せなかったが、買いたい人と売りたい人の間には、不思議とコミュニケーションが上手《うま》くいくものである。支払いの時にはその店のマネージャーと思われる人物が出てきて、

「おまえは日本人だと店員が言っていたが本当か?」と言う。私が、

「本当だ」と言うと、マネージャーは、

「もし良かったら日本円で払ってくれないか」と言う。私は、

「いや、オランダから来たから日本円は持っていないんだ」といって、イタリア・リラを差し出すと、マネージャーはそれを受け取った。

ジャケットはそのまま着ていくことにしたので、いらないタグをはずしてもらって、その剽軽《ひょうきん》な店員に挨拶して私は店を出た。後になって考えてみると、日本人というだけで、こんなにヨーロッパで珍しがられたのは最近では他にないことであった。実際には多数の日本人がシチリアを訪れているわけで、シチリアの「紳士服の青山」みたいなところで、ジャケットを買おうという日本人がこれまでいなかっただけのことであろう。

また、彼が日本人のことを時計やラジオを造る人たちとして認識しているということも私には興味深かった。現在では日本人はラジオや時計の生産国であるばかりではなく、世界でも有数の自動車生産国でもあるのだが、彼は日本の自動車に関しては言及しなかった。

当時のイタリアでは、日本の自動車に対するとても厳しい輸入規制が存在した。

「日本車は輸入車の一パーセント以内まで」という規制であるが、事実上の輸入禁止といっているのに近い。これはイタリア政府が日本製の自動車が優れていることを認めた上で、「自国の自動車産業の保護」を目的として造られた規制であるという。

だから当時のイタリアには日本の自動車はなかったといっても良い状況なので、その店員が日本製の自動車に言及しなかったのも当然と思われた。もし、その店員が日本に来て、そのほとんどが日本製の車であることを知ったら、というより日本人が時計やラジオだけではなく自動車も造ることができると知ったら、彼はきっと驚いたと思う。

パレルモのホテルでは、早朝からクラクションの音で眼が覚めた。シチリアの人々は、深夜でも早朝でもおかまいなしにクラクションを鳴らすのだ。

今日はパレルモを出て、アグリジェントに向かう予定である。レンタカーの予約をしてあったので、レンタカー会社の人とホテルのロビーで待ち合わせしてレンタカー会社に向かう。所定の手続きを経て、いよいよ私にレンタカーの鍵が渡された。レンタカー会社の係員は私にレンタカーを受け渡すときに、私にパンクしたときはどうしたらいいかを熱心に教えてくれたが、私が、

「アグリジェントに行くには、どうすればいいのか」と聞いたら、指で行く方向を教えてくれた。結果的にはパレルモの市街は複雑で、簡単に指で示された方向に行けばいいというほど単純ではなかった。そのため私は、パレルモ市内から市街に抜けるのにかなりの時間を消費した。

自分で運転してみても、シチリア市街の交通事情は、まさに阿鼻叫喚といっても決して大げさではないといえる。話には聞いていたが、シチリア人は物騒な人々だった。私が旅したヨーロッパの中では、シチリア島の運転マナーが最悪だった（アフリカに行けばもっとひどい国がある）。

シチリア島のドライバーは、基本的に自分のことしか考えていないように思える。先行する車は、自分より少しでも遅い車を対向車線にはみ出して追い越しにかかる。強引な割り込みや車線変更は当たり前だ。二車線の道路で三列くらいで走っている。自分自身も無謀運転なのであるが、他人がするのは許したくないようで、クラクションをお互いに鳴らしあい、そこには譲り合いの精神というものは感じられなかった。

先ほど述べたように、歩行者＜オートバイ＜自動車＜トラック・ダンプという道路上のヒエラルキーが存在しているようで、なるべく弱者に対する思いやりのない運転を心がけているように思える。もし自分だけ横断歩行者のために停車したとすると、運が悪ければ後ろの車に追突、そうでなくても、後続車にクラクションの嵐をお見舞いされるだろう。

シチリアの人々が乗っている車は、フィアットなどの小さい車が多く、女性も男性も、老いも若きもアクセルを床まで踏み込んで、急発進、急加速、急停車で運転している。信号待ちでは青になったとたんに、タイヤを鳴らして急発進し、全開加速だ。他車がちょっとでももたつくと、クラクションの嵐だ。他人に対する思いやりも何もあったものじゃない。一方通行の狭い路地、石畳の道でもアクセル全開だ。

こうして思い返してみると、よくあんなところで自分で運転をすることができたものだと妙に感慨深い。このように交通状況の厳しいところだと知っていれば、レンタカーを借りて自分で運転をしながらシチリア島を回るという発想はしなかっただろう。しかしながら、不思議なことにしばらく運転していたら、現地の運転の仕方に慣れてしまって、最後には逆にシチリア人をリードできるようになってしまった。

要は思いっきりアクセルを踏み、ぎりぎりまでブレーキを踏まず、車線変更は他人のことを考えず、思いきりよくやればいいのだ。そうすれば相手はクラクションを鳴らしながらも避けてくれる。もし北部ヨーロッパ（ドイツ、オランダ、北欧などゲルマン系諸国）でこんな運転をやれば、頭がどうかしていると思われるに違いない。

例えばドイツ人はアウトバーン（速度無制限の高速道路）ではぶっ飛ばしているけれども、一般道の速度制限はきっちり守る。オランダ人も、交通マナーは非常に良い。ドイツやオランダでは、たとえ高速道で飛ばしているときでも、自分より速い車があればすぐに車線を譲るし、クラクションを鳴らすのはよっぽど危険なことがあったときだけだ。

このように同じヨーロッパといえども、運転マナーは雲泥の差がある。でもシチリア島で知り合ったオランダ人に私が、

「シチリア人の運転はめちゃくちゃだね。びっくりしたよ」と言ったら、そのオランダ人は、

「あいつらは他人よりも速く走りたいんだ。ただそれだけのことさ」と軽く答えた。オランダ人の運転は、一般的にとてもマナーがよく、運転時には歩行者、弱者（車椅子の人など）を最大限に優先するので、シチリア人の運転には呆れ返っているのではないかと予想していただけに、私にはこの答えはとても意外だった。

それでも、最終的にはほんの偶然といってもいい幸運のおかげで、パレルモ市内をアグリジェントの方向に抜けることが出来た。

今から考えると、フェニキア人の時代からある迷路のような人口七十万の都市の混沌とした交通の中、パレルモを抜け出しアグリジェントへ行けたのは運が良かったのではないかとしかいいようがない。もしもう一度あの日に帰って同じことをしたら、おそらく失敗して、一日中パレルモから抜け出ることは出来なかったかもしれない。

高速道に入ってからは、快調なドライブであった。高速道を走って市街地から遠ざかると、自動車の交通量は激減する。距離的には回り道になるものの、なるべく高速道を通った方が時間の節約になるので、シチリア島の中心部まで高速道を利用し、そこから一般道の国道六四〇号を経由してアグリジェントを目指すことにした。この経路で、パレルモからアグリジェントまでは約二百キロの道のりである。

まだ高速道を走っている時だったが、それまでは快晴だったのに、だんだん雲行きが怪しくなってきた。まだ午前中で夕立には早い時間帯だったが、とうとう雨が降ってきた。最初はポツポツとした程度だったが、すぐに半端ではない豪雨になった。大量に降ってくる雨粒の一個一個に重量感があり、フロントガラスに相当の衝撃を感じる。もちろんワイパーを最速にしても、前方の視界はかなり怪しい。

その心もとない視界の中で、高速道が川のようになっているのがかいま見えた。それまでは時速百キロ以上のペースで走っていたが、とにかく視界が悪いのと、道が川のようになっているので、スピードを半分くらいに落として走るようにした。

しばらくゆっくり走っていると、私の車を追い抜いていった車があった。私自身は突然の豪雨に、自然の恐ろしさというものを感じていたのだが、シチリア人には、この程度の豪雨は日常茶飯事なのだろうかと思った。

しかし、雨の降っている地域はそんなに広くなく、慎重に走っていると、だんだん雨が小ぶりになり、ついには晴れ間さえも見えてきた。やはり夕立のようなものだったのだろうが、午前中から夕立とは、シチリア島まさに恐るべしである。

シチリア島の中央部に位置するエンナという村の手前で高速は南に分岐し、カルタニセッタというところで高速道は終点になるので、後は一般道を走る。一般道も一本道だし、交通量も少ないからそれほど高速道と変わらない。ただ片側一車線なのだが、後ろの車は追い抜き放題で前が詰まっていようと対向車が来ようと、平気で追い抜きにかかる。

コンコルディアの神殿（アグリジェント）

前方からトラックが来ても、平気でセンターラインを越えるので、かえって対向車のトラックの方が端によってくれる。ある意味では譲り合いの精神もみられるのだが、ただそれがギリギリのタイミングで行なわれるので、旅行者の私はハラハラしどおしということになる。

アグリジェントまでの国道には、日本の峠道にあるような九十九折《つづら》の道はみられず、山の底、つまり谷の部分をまっすぐに走り抜けるような道が多かった。

車を運転してアグリジェントに近くなってくると、だんだんアグリジェントの神殿群が近づいてくるのが見える。アグリジェントの神殿群は、高層建築を見慣れた現代人から見ても相当に目立つので、これらが建てられた二千年以上前の人々に

ユノーの神殿（アグリジェント）

はかなりの威容を示していたであろう。

これらの神殿群は、周囲には何もない小高い丘のような場所にあったのだから、相当遠くからでも見えたであろうし、宗教用の建築物（神殿）であったから、現代ヨーロッパにおいて教会がランドマークになっているように、これらの神殿群は、当時のアグリジェントの位置を遠くからも示す格好のランドマークであったことだろう。この遺跡群が次第に眼前に展開していく様はかなりの壮観であり、今思い出しても胸躍る体験であった。

神殿の近くの駐車場に車を停め、神殿群に向かって歩き出した。アグリジェントは、もともとロードス島のギリシア人が建設した街である。現在残っている神殿は、紀元前六世紀から五世紀の間に建てられたものである。ギリシア人の植民者により、アグリジェントがもっとも繁栄した時期である。神殿は全部で五つあり、一番保存状態の良いものはコンコルディア神殿とよばれている。

コンコルディア神殿には、凝灰岩でつくられた三十四基の列柱が残っている。コンコルディア神殿は、紀元前四五〇年頃造られたものだというが、六世紀になって、キリスト教の聖堂に転用されたのだという。神殿の前面には六本の列柱があって、かなり荘厳な遺跡である。

二千五百年のときを経て静かに佇む神殿の中をしばらく歩いてはるかな昔、悠久のギリシア時代を想像した。傍らには野の花が咲き誇っていて、花の絨毯《じゅうたん》のようになっていてきれいだった。

その日はアグリジェント郊外の「デラ・バッレ」というホテルに泊まった。そのホテルは、大きな邸宅のような造りになっていて、全体的な雰囲気はなかなか良かった。部屋もちょうど良い大きさで、浴室のタイルが白と黒の大柄なチェック模様だったことが印象に残っている。

夕食はホテルのダイニングルームでとった。客はイタリア人が多いのか、陽気な雰囲気で食事を楽しんでいる人々が大半を占めた。家族連れも多かったようだ。イタリア人はどちらかというと、他のヨーロッパ人より家族連れで旅行する人が多いように感じられる。

翌日はホテルを発ち、タオルミナに向かった。アグリジェントからタオルミナまでは約二百十五キロの道のりである。アグリジェントから、まずシチリア島の中央部に向かい、途中から高速道に入る。高速道に入ってしばらくすると、右手の方にエンナという村が見える。

エンナは切り立った崖の上にある村で、シチリア全島を見渡すことのできる位置にあることから、「シチリアの展望台」といわれているところである。地上から見上げると、エンナは天然の要塞とも思えるところで、事実古代ローマ時代にシチリアで起きた大規模な奴隷反乱は、ここを本拠地にしたという。せいぜい二千人くらいの村なのかと思っていたら、現在の人口は二万八千あるという。

いったん高速道に乗れば、タオルミナまでは迷うことなく行くことが出来た。タオルミナ近郊で高速道を降り、一般道を走っていると、海岸沿いの道が急に細くなっているところがあった。昔だったら、ここに関所のようなものがあったのだろう。その関所のような場所を過ぎると坂道になり、トンネルを越えると、タオルミナの麓に到

ギリシア劇場（シラクサ）

着する。

タオルミナの市街は海抜二百五十メートルで、麓からはケーブル（funivia）で行くことも出来るし、車で行くことも出来る。私が宿泊する予定のホテルは、ケーブル発着所のすぐそばにある「マザッロ・シーパレス」というところで、ミシュランのガイドブックでも、「居心地のいいホテル」と記載されているところなので、過ごしやすいホテルであることは間違いないと思われた。

日が長い季節の旅行であったので、ホテルまでは充分日のあるうちに到着することができた。チェックインして部屋に行くと、目の前には青い海が広がっている。部屋にはテラスもついていて、デッキ・チェアもあった。さらにテラスの手すりの部分は花壇になっていて、色鮮やかな花が咲き誇っている。なかなか粋な演出である。

デッキ・チェアに座って、日が暮れるまで海を見ながら過ごすことが出来て、シチリアに来てもっともゆっくり出来る時間と空間だった。ここはシチリアの都会の喧騒から離れ、波の音くらいしか聞こえない静寂が支配している。シチリア島随一のリゾート地にふさわしいホテルだった。

朝起きて部屋のカーテンを開けると、光の当たり方が朝と午後では違うので、また違った海岸の風景を楽しめた。

この日はシチリア島を南下してシラクサに行く予定である。タオルミナからシラクサまでは約百十キロである。タオルミナからカターニア近郊までは高速道があるが、それより南にあるシラクサに行くには、高速道の終点から一般道をしばらく走ることになる。朝タオルミナを出発して、正午頃には目的とするシラクサの考古学発掘地区に到着することが出来た。

考古学地区には、紀元前五世紀に造られたギリシア劇場やローマ時代の円形闘技場、パラディッソの石切り場といわれる古代の石切り場がみられる。パラッディッソの石切り場には、ディオニソスの耳といわれる人間の耳の格好をした洞穴があり、その内

古代ローマ時代の円形劇場（シラクサ）

部で話された声は反響して遠くからでも聞くことが出来る。そのため、シラクサの僭主（独裁者）であったディオニソスが、捕虜をこの洞穴に収容し、捕虜同士のひそひそ話を遠くから盗み聞きしていたという。

このシラクサという町は、アルキメデスの生まれたところでもあり、彼はアレキサンドリア留学から帰った後、人生の大半をこの町で過ごした。アルキメデスといえば、放物線の面積や球の表面積の計算、円周率が三・一四一であることを調べた数学者として有名であるが、別の一面も持っている。それは発明家としての一面である。

彼が留学していたアレキサンドリアを始めとするエジプトでは、彼が考案したという「アルキメデスの螺旋《らせん》」という揚水ポンプを、現在でも使用

青い入江（シラクサ近郊）

しているという。

アルキメデスの活躍はそれだけではない。古代ローマとカルタゴが戦った第二次ポエニ戦争で、カルタゴ側についたシラクサはローマに攻められたのだが、そのときアルキメデスは、シラクサを守るシラクサ軍の軍師をしていたという。

彼の考案でシラクサ軍は、シラクサ港に攻め込んできたローマ軍の艦船を、クレーンで引っくり返したり、レンズと反射鏡を用いてローマ艦船を炎上させたりしてローマ軍を混乱させたという。小兵のシラクサ軍は、アルキメデスの奇策もあって、大軍のローマの包囲に良く持ちこたえたが、とうとうシラクサが陥落する日が訪れた。

当時ローマのコンスル（最高執政官、共和制ローマの最高指導者）であったマルケッルスは、シ

ホテル「マザロ・シー・パレス」のベランダからの眺望（タオルミナ）

ギリシア劇場（タオルミナ）

ラクサの天才であるアルキメデスに会うのを楽しみにしていたという。しかしながら、陥落したシラクサの混乱の中でアルキメデスは、「無名の老人」として一ローマ兵に刺し殺されてしまった。

これを聞いたマルケッルスは、

ギリシア劇場からみたイオニア海（タオルミナ）

古い街にはクラシックカーがよく似合う（タオルミナ）

アルキメデスの遺体を捜し出して埋葬してやり、その墓碑にアルキメデスの功績を称えるために「円柱に内接する球の体積を表わす図」を彫りこんだという話もある。今はそのアルキメデスの墓碑も、どこにあるのかはわからなくなってしまった。

ギリシア・ローマ時代を含めて、二千年以上も続くシチリアの歴史的混乱を考えれば、それもしようがないのかなと思う。後で述べるようにシチリアは、めまぐるしく支配者の変わる島なのである。

シラクサからタオルミナまでは、もと来た道を戻るだけなので問題はなかった。タオルミナに戻る途中、右手にはちらちらと地中海が見える。途中で誘惑に駆られて、車を停めて砂浜に入ってみた。無名の砂浜であったが、砂は白く海は青く、人はほとんどおらず、まさに地上の楽園のようであった。その日もタオルミナのホテルで夜をゆっくりと過ごした。

次の日はケーブルを利用して、タオルミナの旧市街に行ってみることにした。ホテルからケーブルの乗り場まで歩いていって、切符を買ってケーブルに乗り込んだ。同じケーブルには、オランダ語を話す人々も乗っていた。旅行シーズンなので、ヨーロッパ各国からいろいろな国の人々がシチリアを訪れているのであろう。

ケーブルを降りてタオルミナの旧市街を歩いてみる。元々この地には、シクリ族というシチリア原住民の集落があったのだが、紀元前四世紀にギリシア化された。その後ローマに敵対したために、タオルミナの全住民は流刑となり、そこにローマ人が殖民したという歴史をもつ。

タオルミナの圧巻はギリシア劇場である。紀元前三世紀に標高二百五十メートルの地に建てられたこの劇場の観客席からは、雪を被ったエトナ山や地中海の青い海がはるかに見渡せて、シチリアに来て良かったなと思うことができた。

劇場の大きさ自体は、シラクサのギリシア劇場よりも小さいというが、何よりこのロケーションは大変に素晴らしい。劇場の脇にはサボテンも植生していて、地中海の温暖な気候を感じさせる。旧市街にある公園や広場からも、同様に地中海とエトナ山の素晴らしい眺望が楽しめた。

このように、シチリアには信じられないくらい美しい青い海があり、ギリシア、ローマ時代の見事な遺跡もたくさんあるし、風光明媚な場所にある有名なリゾートホテルで見事な景色を見ながら、ゆっくりくつろぐことができる。ホテルのベランダのデッキ・チェアに腰掛けて、眼下にひろがる青い海を見ながら、イタリア料理を食べれば、それはまさに命の洗濯といえる。しかもシチリア島には、原産のワインもある。

しかし、シチリア島にはこのような素晴らしい一面もありながら、先に述べたようにあまり良いとはいえない側面も多分に持っている。特に運転マナーのひどさは、あんな運転をする人たちが、日常生活において真の意味で善良なはずはないとさえ思ってしまうほどである。

それにシチリアの人々には、イタリア人に共通のカンパリニスモというものが強力に発揮されているようにも思える。カンパリニスモとは、イタリア人の郷土意識と排他性を表わす言葉で、「鐘主義」とでも訳すのだろうか、自分の住む地域の教会の鐘の聞こえる地域の住民以外は、同胞として認識しないイタリア人の国民性を表わす言葉である。

教会の鐘の聞こえる範囲は、せいぜい五キロメートルもないであろうから、イタリア人は半径五キロメートルくらいの生活圏で暮らし、その外側に住んでいる人たちは部外者という認識であるということである。そのようなイタリア人の中でも、シチリア人の排他性は群を抜いているといわれている。シチリア島を旅するときは、そのような文化的背景も考慮に入れてから、心して旅するべきである。

ところでシチリアの歴史というのは、全体が日本の戦国時代に相当するほど波瀾に富んでいる。最初にシチリアを開拓したのはギリシア人であったが、彼らは次第にカルタゴ人の圧迫を受け、シチリア西部はカルタゴ人が支配し、東半分をギリシア系のメッシナ王国とシラクサ王国が支配するようになった。第一次ポエニ戦争後、カルタゴ人はシチリアから駆逐され、シチリアの大部分はローマの属州となった。

ローマ時代は一時「ローマの穀倉」といわれ、ローマに対する食料供給地となったが、その地位をエジプトに奪われてからは、過酷な待遇による奴隷反乱が少なくとも二回も起きている。その後、ローマ帝国が二つに分割されるにあたり、西ローマ帝国の一部になった。しかし、西ローマ帝国がゲルマン民

タオルミナ市街にある旧い教会の跡

族によって滅ばされたとき、シチリアはゲルマン民族の一派、バンダル人にいったん占領される。

その後、東ローマ帝国がシチリアを占領し、しばらくの間シチリアは東ローマ帝国の版図になる。しかしながらその後、ノルマン人がシチリアを占領し、シチリアはノルマン人に支配される。その後アラブ人がシチリアを占領し、シチリアはスペインと同様、アラブ人の支配を受ける。

キリスト教徒の失地回復運動（レコンキスタ）にともない、シチリアはキリスト教勢力に奪還され、なんとシチリアはドイツ領になる。その後のシチリアは、フランスとスペインの間で取り合いになり、最終的にはナポレオンのフランスに占領される。そして最後の最後に、やっとイタリア領になる。

二千年以上もの間シチリアの支配者は替わりつづけたが、シチリア人自身は常に支配される側であった。シチリアの歴史は、シチリア人以外による破壊と収奪の歴史であるといえる。十五世紀にアメリカ大陸が発見されてからは、シチリア島住民の新大陸（アメリカ）への人口流出は凄まじいものがあったが、その理由は、シチリア島の支配者がシチリア人に対してやりたい放題のことをしていたことと大いに関係あるように思われる。

シチリア人は、シチリアにいる限りうだつのあがらない人々と見なされていたので、大部分のシチリア人は、自分の生まれ育った土地に見切りをつけて新天地に自分たちの未来を賭けたようだ。

「シチリアなしのイタリアというものは、我々の心中に何らの表象をも作らない。シチリアこそすべてに対する鍵があるのだ」と、ゲーテはその著書「イタリア紀行」の中で述べている。振り返ってみれば、私自身のシチリア島の旅はシチリア島の混沌とした歴史を反映するように、喧騒と静寂、明と暗のはっきりした旅だったように思える。

結局、シチリアの人々にとって一番良かったのは、いつの時代のことだったのだろうか。現代文明の恩恵に浴し、電気も冷蔵庫も自動車もある現代なのか、それともギリシア時代やローマ文化の恩恵を受けた古代だったのか。都市は混乱し、海はどこまでも青く、古代遺跡は燦然と屹立するこのシチリア島を旅すると、かえって私には明快な答えを出すことは出来なくなったのである。

【スイス篇】
第十二話「追憶のスイス」――レマン湖周辺

私は小学校五年生のとき、スイスの「ル・ローゼ」という全寮制私立学校で一夏を過ごしたという経験を持っていて、スイスには「ル・ローゼ」を始めとして、ずいぶんいろいろな思い出がある。

スイスで一夏を過ごしたということは私にとっては初めての外国滞在であり、しかも初めての両親から離れた生活であった。あの夏、私は初めて自分ひとりでいろいろな問題を解決するという体験をした。今から考えればとてもいい経験であったと思う。

その後もスイスには中学校一年のときにもう一回滞在したことがあるが、不思議なことにそれ以来、スイスを訪れる機会はなかった。それでヨーロッパに留学している間に、二十年以上も訪れていないスイスをふたたび訪れてみようと思った。そしてスイスに行くからには、私が一夏を過ごした「ル・ローゼ」にはかならず行ってみたいと思った。

一九九六年九月十二日の夕方、私はベルギーのザベンタム空港から飛び立ち、夜にはジュネーブの空港に着いた。レンタカーをあらかじめ予約してあったので、空港内にあるレンタカーのカウンターに行き、レンタカーの鍵を受け取った。地下にある駐車場からオペル・ベクトラを発進させ、空港近くの照明の少ない道路を運転してホテルまでたどり着いた。

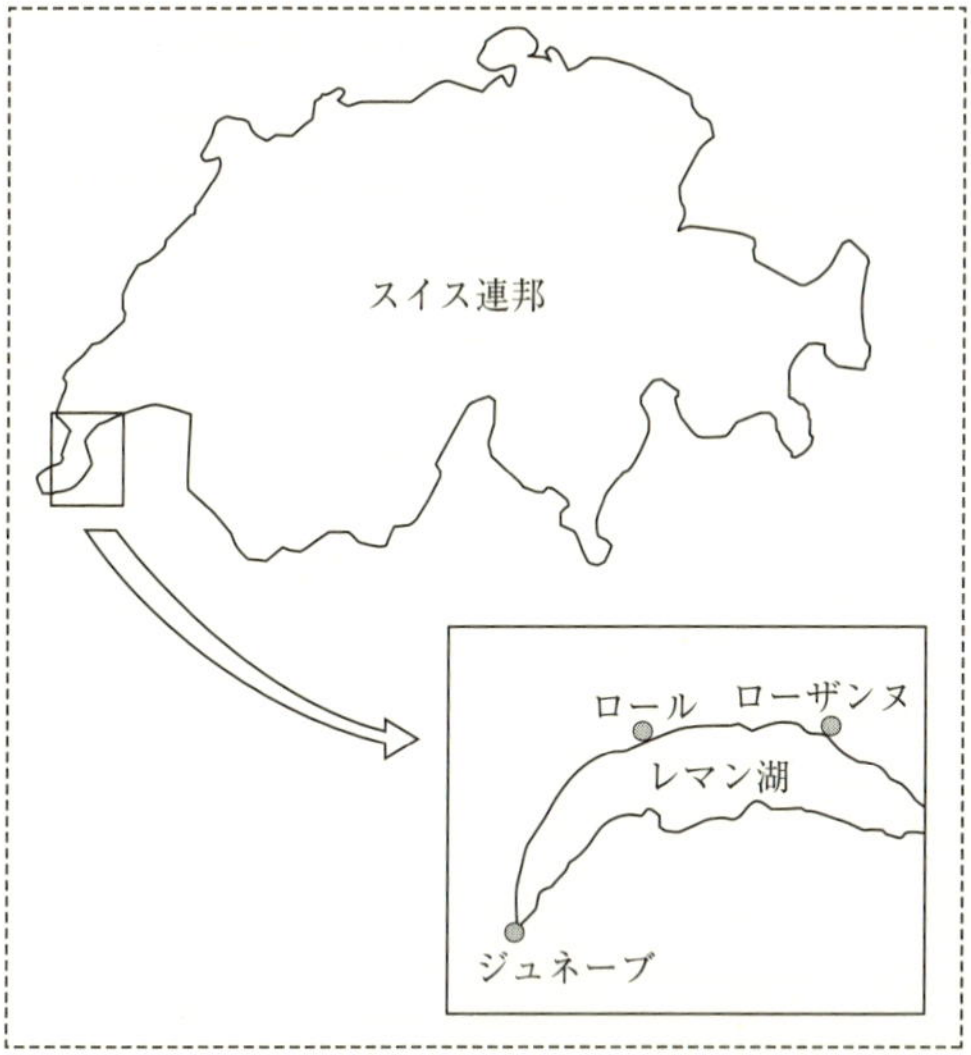

途中で間違ってエビアン方面に行ってしまいそうだったが、最終的にうまくホテルに到着することが出来た。エ

ビアンはスイスではなく、フランスであるので、間違って行かなくて良かったと思う。

ジュネーブのホテルに着いた日の晩、レマン湖畔で打ち上げ花火が上がった。私の泊まっているホテルはレマン湖のすぐ近くだったので、ホテルの部屋から出て、エレベーターを降り、花火を見に行った。その日は土曜日だったから、私のほかにも見物人は多かったが、見物人のほとんどは観光客だと思われた。

私の宿泊したホテルにはレストランがなかったので、フロントの人にこの辺でおいしいレストランはないかどうか尋ねてみた。すると、ホテルから百メートルほどのところに良いレストランがあると教えてくれたので、そのレストランに行ってみた。そこは日本でいうところのステーキハウスのようなところで、ヨーロッパ調の内装をなるべくアメリカンな感じに見せようとしているような雰囲気があった。

そこで私はビーフステーキを注文した。すると、ポテトもたっぷりついているアメリカ風の大きなステーキが来た。量が多すぎて全部食べられないくらいであった。味付けはそっけなかった。これがヨーロッパ人の想像するアメリカ料理なのであろう。今までヨーロッパのレストランで混雑しているというところはあまり見たことがないが、ここはかなり混雑していた。他の客は観光客なのか、地元の人なのかは分からなかった。

次の日、私は私立学校「ル・ローゼ」を訪ねるためにジュネーブの空港で借りたオペル・ベクトラでホテルを出発した。まずはジュネーブからハイウェイに乗ってローザンヌ方向を目指す。目指す学校「ル・ローゼ」は、ローザンヌのそのまた近郊の小さな街であるロールというところにある。

ジュネーブからロールまでは約三十五キロの距離である。特に地図を持っているわけではなかったが、ロールまで行けば、地元の人に道を尋ねながらでも「ル・ローゼ」には行けるのではないかと思った。

高速道路を走っていると、ふと進行方向左手に、少年時代の記憶に刻まれた景色がいきなり現われた。記憶というのは不思議なものだが、実際は私がその景色を見るまで、そのディティールは忘れていた。だが、その景色を見た途端、「あ、この景色は、まさにあの夏に毎日見ていた景色だ」ということを思い出したのである。

運転する自動車から見えた景色は、私が二十四年前にスイスのル・ローゼという学校に滞在していた間、その学校の寄宿舎の部屋の窓から、毎朝毎夕見えた景色と同じだった。つまり、まさにこの近くにそのル・ローゼという学校があるということである。

私がこのあたりを訪れたのは、実に二十四年ぶりだったのだが、この景色を見た途端、忘却の彼方から当時のことが瞬間的に脳裏に蘇《よみがえ》った。一番近くの出口で高速道路を降りて、ロールという街に向かった。ロールという街は小さくて、中心に一本通りがあるだけといってもいいくらいの規模の街（人口三千四百人）である。この街に入ってきたときも、詳しくは覚えていないが、確かにここには来たことがあると思いだした。

通行人の若い女性にル・ローゼの場所を尋ねてみた。おそらく知らないだろうと思って、恐る恐るたずねてみたのであるが、その人は、

「ああ、私立の学校でしょ。ここを左に曲がるとすぐよ」とすぐに教えてくれた。

実際、車を止めたところから最初の角を左に曲がって、百メートルも行かないうち

ル・ローゼの中庭（ロール）。左手に寄宿舎、右手に体育館

にル・ローゼの校門が見えた。この校門も忘却の彼方にあったのだが、見た途端に思い出した。考えてみたら、ほとんど手がかりもないのに、よくここまで自分で自動車を運転してこられたものだ。

その校門から校舎までは、ごく緩やかな坂になっている。そこを徐行していくと、校舎や寄宿舎が前方に見えてきた。懐かしいことに、校舎は二十四年前と変わっていない。その校舎の前に駐車場があった。そこに自動車を止めて車を降りると、眼前に二十四年前、毎朝毎夕見ていた景色が広がった。今見ると、当時寄宿舎の窓から毎日見ていた緩やかな丘陵は、すべてブドウ畑なのであった。ここが方角的には北側に当たる。

二十四年前は小学五年生だったので、丘陵にあるのが何の畑なのか、いや畑があることさえ気が付かずに、ただの丘陵として認識していた。今回ふたたび訪れたときは、ヨーロッパ各地でブドウ畑を見慣れていた後だったので、当時毎日見ていた丘陵が一面のブドウ畑だったことに気がついた。

それにしても、ル・ローゼから見える景色の何という豊かなことだろう。視野には、ヨーロッパの豊かさがコンパクトに凝縮されている。これはフランスやオランダやドイツの景色とも違う。まるで箱庭の景色を見ているようだ。学校があり、農家があり、豊かに実ったトウモロコシ畑があり、なだらかな丘陵には収穫直前のぶどう畑がある。そのような場所で、私は小学五年生の一夏を過ごし、今回またそこを訪れることが出来たのである。

ル・ローゼの構内を自由に歩いてみる。当時、この敷地はどこまで続くのだろうと思い、学校の敷地の終わりを探して、どこまでも歩いていったことがあった。それはある夏の日の夕方のことだった。夕方といっても、ヨーロッパの夏は遅くまで明るい。その時も実は午後七時半ごろだったのではないかと思う。夕食を取ってから散歩をした記憶があるからである。

途中から、庭はトウモロコシ畑になり、トウモロコシは小学五年生の私よりも背が高いので、トウモロコシ畑の脇を歩いていると前方が見えない。ずうっとトウモロコシ畑が続き、いつまで経っても敷地に終わりがないし、夕暮れだったからか、人の気配もなくて、歩いていても誰にも会うことはなく、途中で怖くなって寄宿舎に帰ってきた。

後で級友にどこに行っていたのかと聞かれた。きっと長い時間、私の姿が見当たらなかったのを不審に思ったのだろう。

私としてはちょっとした大冒険をしたつもりだった。後で日本に帰ってきたとき、「あの学校の敷地は、どこまでもどこまでも続いていて、歩いても歩いても、一番端まで辿り着くことはできなかった」といったら、両親はびっくりしていた。

私の記憶には長い間、ある日の夏の夕暮れに、どこまでもどこまでも一人でスイスの学校の敷地を歩いていたことが鮮明に残っていた。ふたたびこの場所を訪れた私は、そのトウモロコシ畑のところまで歩いてみようと思った。まず校舎、寄宿舎を横切り、西の方へ向かって歩いていった。そうすると建物が終わり、広い畑が見えてくる。その中には私の記憶の中にあるトウモロコシ畑もあった。

そのトウモロコシ畑に向かって歩いていると、一匹のゴールデンレトリバーが尻尾を振りながら、友好的に私のほうに向かってきた。明らかに私に向かってやってくる。そのゴールデンレトリバーは、まるで私のことを古い友人にでも会ったような態度で歓迎してくれた。

周囲を見回すと、前方でその犬の飼い主がそれとなく見守っている。私は何か、私がこの場所を再訪したことを歓迎されたような気がして嬉しかった。何かえさになるようなものでも持っていればと思ったが、何も持っていなかったので、何もやることはできなかった。しばらくの間、その犬は私のそばにいたが、そのうち飼い主に呼ばれて飼い主の方にいってしまった。

私はトウモロコシ畑のところに辿り着いた。私の記憶の中にあるトウモロコシ畑は、もっと大きくて限りなく続いていたような印象だったが、実際にふたたびここを訪れてみると、そのトウモロコシ畑は私が覚えていたのよりずっと小さかった。

二十四年の間にトウモロコシ畑が小さくなったのであろうか。いや、そうではない。小学校の頃の私が見たトウモロコシ畑と、大人になった私が見たトウモロコシ畑では、ずいぶん大きさの印象が違うのである。

これは良くある話だが、自分が小さい頃育った部屋に成長してから訪れてみると、こんなに狭い部屋だったかなあと思うのとよく似ている。もしこの場所にたびたび訪れていたならば、それなりに記憶の方も徐々に修正されていくのであろうが、かなりの空白期間をおいて訪れたので、こういう結果になったのであろう。

昔は「この学校の敷地は一体、どこまで続くのだろう」と思っていた。大人になって、ふたたび訪ねてみれば、何のことはない、学校の敷地と近隣との境界に柵や塀がなかったのである。したがって、当時の私は学校の境界を大きく越えて、学校の近所の農地を歩いていたのである。

この境界がないという構造は、やたら仕切りがある日本に比べて、景観という点ではいい面もある。しかし、近隣住民との間によほどのコンセンサスがなければ、境界争いなどが頻発して厄介な事態になるだろう。もしかしたらこの学校は、この周辺一帯の地主でもあるのかもしれないなと思った。

日曜日だったこともあり、校舎は閑散としていて人の姿はない。寄宿舎の脇を通り過ぎるとき、建物の中から子供たちの声が聞こえたが、姿は見えなかった。

校舎や寄宿舎をぐるりと回って、今度は体育館（ギムナジウム）の方に行ってみた。体育館も、昔と全然変わっていなかった。木張りの床に、壁に設置してある体操器具まで記憶のとおりである。なんとヨーロッパの変化のないことか。日本だったら、体育館の建物自体が建て直されていてもおかしくはない。

二十四年前にここで友達と一緒にスポーツをしたこと、その時みんなの声の体育館に反響していたその様子までもが、忘却の彼方からふたたび記憶の表層に現われた。考えてみると、あの夏のかなりの時間をこの体育館で過ごしたものだ。

当時、私は寄宿舎の二階の北側の部屋にいた。私は寄宿舎の北側に回って自分が滞在していた部屋を見上げてみた。二十四年前もこうやって寄宿舎を見上げていたことがあった。二階から友だちが声をかけてきて、手を振っていたことを思い出した。あの時のみんなは、どこでどうしているのだろう。

またいつかこの地を訪れてみたいものだと思いつつ、私は次の目的地に向かった。次に私が向かうのは、ローザンヌ郊外にある「カレッジシャンピテ」という学校である。ここは私が中学校一年のときに一夏滞在していた私立学校である。「ル・

カレッジ・シャンピテ（ローザンヌ）

ローゼ」のときとは対照的に、この「カレッジシャンピテ」の方は、探すのに少々苦労した。

ローザンヌからロールまでは約三十キロの距離で、ローザンヌまで行くのは簡単だったが、ひとくちにローザンヌ近郊といっても範囲が広い。地元の人にカレッジシャンピテの位置を尋ねても、わからないという答えが返ってくる。おそらく街としての大きさがロールに比べて大きい（人口十二万六千）ということに加えて、ローザンヌには学校が多数あるからだと思われる。

結局、何人目かに地元の若いお父さん風の男性に尋ねてみたら、「その学校を知っているが、行き方は複雑でとても説明ができない」という。私がちょっと困った顔をしていると、彼はわざわざ自分の車に乗りこんで、自分の車の後ろを付いて来るようにと言った。そして私のオペルを自分の車で先導してくれた。

大変親切な振る舞いに、私はとても驚いた。はたして日本人が外国人にそこまでしてくれるだろうか。彼の先導のもとにカレッジシャンピテに向かったが、確かにそこに至る道は複雑で、旅行者にはなかなか判りにくい道であった。

ローザンヌ近郊のピュリーという住宅街の一方通行の道を抜けると、カレッジシャンピテがあった。ここも記憶通りの場所だった。ここの寄宿舎からはいつも目の前にレマン湖が見えた。カレッジシャンピテはレマン湖のほとりにあるのである。

レマン湖の対岸はフランス領で、ミネラルウォーターで有名なエビアンという街が

レマン湖

ある。フランス側は南、スイス側は湖を挟んで北側に位置するので、常にフランス側は逆光になっている。フランス側の逆光の山々と、光り輝くレマン湖の湖面が印象的な景色である。レマン湖の向こうに見える景色がスイスではなく、フランスだということを当時教えてくれた人がいるのでよく覚えている。

　レマン湖の景色は、駐車場の位置からは見えない。私がいた寄宿舎は確か四階の部屋だったと思ったが、三、四階まで上がらないとレマン湖の景色は見えないのである。直前までは忘却の彼方にあったのだが、私はその寄宿舎の建物の一階に立っただけで、二十二年前の夏に毎朝起床した時に、この学校の寄宿舎の窓から見えた景色を鮮明に思い出した。

　記憶というものは真に不思議なもので、ちょっとしたきっかけで、忘れていた光景を鮮烈に思い出すことができるのだなと再び感心した。

私が滞在した二十二年前、カレッジシャンピテには学生専用のカフェテリアがあった。カウンターがあって細長いテーブルがあり、カウンター用の椅子があった。中学一年生だった私は、その椅子の高さにまずびっくりしたものだ。またそのようなカフェテリアというものそのものを知らなかったので、ずいぶん大人っぽいところだなと思ったものだった。

駐車場から歩いて右手に行くと、そのカフェテリアも、その当時のまま残っていた。もちろん、今見れば別に巨人用のカフェテリアではなく、椅子やカウンターも普通のサイズである。それにしても二十二年前のカフェテリアが、ほとんど変わることなく残っているということに感心した。実際には何回かの改装はしているのであろうが、わざと以前と変わらないようにしてあるということは、いかにもヨーロッパらしくて良いと思った。

このカレッジシャンピテは、私が始めてフランス語のレッスンを受けた場所でもある。フランス語の講師はアフリカ系の女性だった。おそらくフランスの旧植民地国の出身なのであろう。黒人の女性というのは年齢が分かりにくいことに加えて、当時は中学生である私の先生という立場でもあり、相当年齢の高い人というふうに認識していたが、実際の年齢は三十歳かそれ以下だったのではないかと、今では思っている。

私はアフリカ系の女性と話すのは初めてだったので、彼女のことはとても印象に残っている。その先生は眼鏡をかけてほっそりした華奢な感じの女性で、今から考えればちょっと神経質なタイプだったのではないかと思う。

私はそれまで知らなかったのだが、アフリカ系の人の「手の甲」は褐色なのに、「手のひら」が白いということが当時の私には印象的だった。レッスン中についその先生の真っ黒い「手の甲」と真っ白い「手のひら」を飽くことなく見つめてしまったことを覚えている。

彼女には表情はあまりなく、淡々と、しかし真剣にレッスンをするタイプであった。彼女は明るいという印象はなかったが穏やかな人で、レッスン中もどちらかというとやや下を向いて、終始どういうふうにフランス語を教えようかと考えながら講義をしているような印象を受けた。

最終講義のときも、特に盛り上がりはなく、淡々とレッスンを終了したという印象があった。しかし、私がスイスを離れるとき、見送りに来てくれたその先生に私が、

「メルシーボク（どうもありがとう）」と言ったら、彼女はにっこりと笑ってくれた。褐色の肌に白い歯がこぼれるようだったのを今でも覚えている。

考えてみたら、その先生がにっこりしたのはそれが最初で最後だったような気がする。こういうちょっとはにかんだような雰囲気は、周囲のヨーロッパ人とは違っていて、当時の私にはとても印象的だった。その笑顔を見て、この人は本当は明るい人なのかもしれないと思ったほどだった。

今になって彼女の立場になって考えてみたら、当時の彼女の方にも、相当の緊張や迷いがあったかもしれないのである。何しろ見たこともない日本人の中学生にフランス語をレッスンして、一定の成果をあげなければならなかったのだから。

ところで、私を引率してくれた日本人の先生の中に、当時上智大学で比較民俗学を専門にしていたU先生という方がいる。私のスイスでの滞在は、二回ともU先生のお世話になった。U先生にとって小学生から中学生という比較的難しい年齢の少年少女を引率する苦労は、並大抵のものではなかったと想像するが、大変丁寧にやさしくいろいろなことを私に教えてくれた。レマン湖の向こうに見えるのは、スイスではなく、フランスの景色であるということを教えてくれたのもU先生である。

一回目のスイス滞在（ル・ローゼ）のとき、U先生が我々を夜のスイスの町に連れ出してくれた。U先生は、

「今日はカメラを持っていかないように。自分の眼で夜のスイスを見て、それを記憶に刻みなさい」と言ってから、我々を夜のロールという町に連れて行った。

ロールは先述のル・ローゼという私立学校がある小さな街で、夏の間は観光客で賑わうところである。夜のロールを歩いて、ライトアップされた十三世紀に建てられた城や噴水、爽やかな夜風でテントが揺れるオープン・カフェの光景が、スイスの夏の夜の印象として私の脳裏に刻まれた。もしカメラを持っていったら、写真を撮ることに熱中するあまり、かえって街の雰囲気を感じることなく過ごしてしまったかも知れない。

またU先生は、私たちをシオン城（レマン湖の東端にある古城）やベルン（スイスの首都）やレマン湖以外の湖（チュン湖など）や博物館・美術館（パリのルーブルまでも）に連れて行ってくれたりした。そしてそこから帰ってきたときかならず、

「内田君、今日行ったところを君はどう思った?」とU先生に聞かれた。私が何かを答えると、彼は、

「何故そういうふうに思ったのかな?」とかならず聞くのを忘れなかった。

今から考えると、比較民俗学を専攻するU先生は、小学生や中学生の私たちに、常に「ヨーロッパと日本と何が違うのか、どう違うのか」という命題を与えていたのだと思う。

ともすれば、ただ面白おかしく過ごしてしまったかもしれない少年期のスイス滞在であったが、少年の私に、そういう命題を与えてくれたU先生がいたおかげで、私はその時以来日本とヨーロッパの文化を対照的に観察するという習慣を多少なりとも持つことができるようになったと思われる。

それが少年時代の私にとっては、最大の収穫だったと思うし、その後のヨーロッパ留学を私自身が積極的に楽しむことが出来た理由の一つではなかったかと思う。

ヨーロッパ留学の間、私は常にU先生に与えられた命題である「ヨーロッパと日本と何が違うのか、どう違うのか」を考えつつ行動していた。そのような態度でヨーロッパに滞在をするのと、ただ漫然と日々を送るのでは、だいぶ得られる結果が異なったと思われるが、実際に私のヨーロッパの日々はとても充実していて、毎日が新しい発見の連続であった。

それはある意味、U先生のお蔭であるともいえる。幸運なことに、私には恩師が多数いるのだが、U先生ももちろん私の恩師の一人である。しかし、あれから二十数年以上たった今では、とうとうU先生とも音信不通になってしまった。きっと私のような者のことを「忘恩の徒」というのであろう。

「内田君は小学生の頃から進歩がみられないね」とU先生はやさしく言われるかも知れないが、私はこの本が出版されたらすぐにU先生に一冊進呈するつもりでいる。

付録１「私の訪れたミシュラン星付きレストラン」

ミシュラン社とはフランスのクレルモンフェランに本社のある、主として自動車用のタイヤを製造するメーカーである。ミシュラン社はさらに自動車関連の事業として、ヨーロッパの地図や国別のガイドブックも発行している。

ミシュランの国別ガイドブックには、表紙が赤のものと、表紙が緑のものがある。レストランの評価が記載してあるのはいわゆる「赤本」と呼ばれている表紙が赤いほうの本である。「赤本」はフランス語表記が基本だが、一部には英語版も存在する。

現在のところ、赤本の日本語版は存在しない。

国別に編纂されたミシュランの「赤本」には、その国の首都から小さな村に至るまでのホテルやレストランの住所や価格の目安、等級、休業日など詳細な情報が記載されている。「赤本」に記載されているレストランの料理の評価は星の数で表わされ、星ゼロから星三つまでに分類されている（四つ星とか五つ星はミシュランにはない）。

ここで重要なのは、ミシュランの「赤本」に記載されているレストランの大部分は星ゼロの評価であるということである。

例えば二〇〇二年のミシュランの「赤本」の「パリ」の部分には、千を優に超えるレストランが記載されているが、その中で三つ星の評価があるのはたった九軒、二つ星は二十軒、一つ星が五十五軒である。残りのレストランには星が一つもついていない。それでもパリは星付きレストランが最も突出して存在する都市で、フランスの他の都市や他の国では星付きレストランの数は非常に少ない。例えばオランダにはミシュランが三つ星をつけたレストランは存在せず、二つ星が最高である。

したがって、星が一つでも付いているレストランは、相当に評価が高いレストランということになる。ただし、この評価は毎年改定されるので、レストランのシェフにとっても経営者にとっても常に気を抜くことは許されない。三つ星の有名店が二つ星に降格されたり、開店した次の年にいきなり三つ星になったりすることもあり、たまにその変化を吟味するのもまた楽しみの一つである。

私はヨーロッパにいる間、ファースト・フードから三ツ星のレストランに至るまでいろいろな食事を試してみた。そこで気が付いたのは、ヨーロッパのレストランは(日本もそうだが)非常に当たり外れがあるということである。しかも、いったんレストランで食事をするということになると、美味《おい》しい店でもそうではない店でもコストはそれほど変わらない。

旅先で美味しい食事にありつくためには、まずレストランの外観(玄関など)を眺め、店頭に表示されているメニューを詳細に検討し、ちらりと店内を外から眺めて客層を判断するなどの方法が必要になってくる。

しかし、それでも失敗したと思うことはあるし、初めて訪れる場所で土地勘がない場合はレストランを前もって予約しておいた方がうまくいく場合もある。そういうときには、あらかじめミシュランの評価を知っておくことが大変参考になるのである。

実際にレストランを訪れてみると、ミシュランの評価どおりと感じる店もあれば、良くも悪くもその評価に納得できない店もあった。しかしながら、全体としてミシュランの評価は充分参考になると感じた。いくつかの星付きレストランを訪れた後に、星の付かないレストランに行くと、そのレストランが評価をもらえない理由がなんとなく推測できるようになった。

ここでは、私が訪れたことがあるミシュラン一つ星から三つ星までのレストランをリストアップし、当時のミシュランの評価と、実際に訪れてみた私自身の個人的な評価を示した。さらに簡単なコメントも書き添えておく。

フランスの星付きレストラン

パリ

アラン・デュカス

ミシュランの評価（1997年）★★★

私の評価★★★

私が訪れた当時は、このレストランはパリ十六区にあるホテル「ル・パルク」の一階にあった。オーナーシェフであるアラン・デュカス氏が次々と送り出す華麗な料理もさることながら、書斎を擬した内装も興味深いものであった。このような内装のもとで食事を提供することには賛否両論あったようだが、個人的にはとても好きであった。温かい対応をしてくれるギャルソンと、緊張感のあるソムリエは好対照だがどちらも好感度は高かった。

現在は八区にある超高級ホテル「プラザ・アテネ」に移転しているが、ミシュランの評価は二つ星に下がってしまっている。「ル・パルク」にあった当時は居心地の良いレストランだったのに、大変残念なことである。アラン・デュカスはニューヨークにも出店したというが、あまり手を広げすぎると細部にまで目が行き届かずに、かえってクオリティが低下するのは世の習いであると思われる。

レザンバサダー

ミシュランの評価★★

私の評価★★★

コンコルド広場前にある「ホテル・ド・クリヨン」にあるレストラン。温かい応対、広くて豪華な店内、メインを堪能したあとに、これでもかこれでもかと押し寄せるチーズやデザートの豊富なこと。いつでもサービスが一定していて、居心地のいいレストラン。

ランス

ボワイエ

ミシュランの評価★★★

私の評価★★★

パリ生まれのボワイエ氏が、シャンパーニュの貴族の館を買い取ってホテルとレストランに改造した。豪華で爽やかな雰囲気。シャンパーニュ地方でシャンパンを味わうことの楽しさと、シャンパンにコーディネイトされた文句のつけようのない料理。厨房も見学することができたが、気合の入った数人のシェフが忙しく立ち働いていて、熱気がすごかった。

ディジョン

シャポー・ルージュ

ミシュランの評価★

私の評価★

「赤い帽子」を意味するこのレストランは同名のホテルの中にある。ほどよくコンパクトな店内に、俳優の佐藤B作に似たギャルソンがきびきびと働き、好感度が高い。緊張感のあるソムリエも良かった。ブルゴーニュ名物はワインとエスカルゴ。

リヨン

ヴィラ・フロレンティーヌ

ミシュランの評価★

私の評価★★

リヨンの高台にある同名のホテルのレストラン。夏のバカンスの季節にはオープンエアで、気配りのいいギャルソンのもとで食事を楽しめる。下界の喧騒が、夜風に乗ってときたま聞こえて来るところがまた良い。

ポール・ボキューズ

ミシュランの評価★★★

私の評価？・？・？

リヨン郊外にある一軒家のレストラン。塀にオーナーシェフのポール・ボキューズ氏のけばけばしい壁画（大きな肖像画）がある。その絵を見てちょっと嫌な予感がする。店内に入ってギャルソンに予約した旨を伝えても、テーブルへの案内すら覚束ない。案の定、料理やサービスにも緊張感が足りない。いい時代もあったのだろうが、現在はとてもとても……。他のレストランは常に降格の脅威にさらされているというのに、このレストランが三つ星を維持できるのは、ひとえにフランス料理界の実力者であるボキューズ氏の威光のお陰なのであろうか？？？

コート・ダジュール

ルイ・ケアン

ミシュランの評価★★

私の評価★★

モンテカルロ（モナコ公国）にある高級ホテル「オテル・ド・パリ」の一階にあるレストラン。有名シェフであるアラン・デュカスの原点ともいえるレストランで、彼が多角経営（パリやニューヨークへの出店）に乗り出す前は、ミシュランの評価が★★

★だったこともある。ギャルソンやソムリエの動きなど、往年の★★★時代を彷彿とさせる部分も多分にあるが、前菜が生野菜だったのは興醒めだった。

シャンテクレール
ミシュランの評価★★
私の評価★★★
ニースの一等地にある有名ホテル「ネグレスコ」の一階にあるレストラン。迫力のあるソムリエに圧倒され、ギャルソンの対応も一見そっけないように感じるが、実際は心地よく奥の深いサービスが受けられる。シェフも気合が入っていて、料理の一皿一皿に努力や工夫の跡がみられ、とても楽しめる。

オランダの星付きレストラン

アムステルダム

ラ・リーフェ
ミシュランの評価★★

私の評価★★

アムステルダムの最高級ホテル「アムステル」にあるレストラン。夏のバカンスのシーズンにアムステル運河に面したテラスにあるテーブルに座って外を眺めれば、アペリティフを飲む前からアムステルダムの素晴らしさに酔ってしまう。ギャルソンの対応もいい。

フェルメール

ミシュランの評価★

私の評価　星なし

アムステルダムの団体ツーリスト向けホテル「バルビゾン・パレス」内にある。ホテルのロビーに隣接してレストランがあるのだが、ロビーで大声で話す人々からの騒音が容赦なくレストラン内に反響する。看板料理はトリュフで、料理に関しては評価できるし、ギャルソンも精一杯頑張っているものの、せっかくのおいしい料理を香港の大衆レストラン並みにうるさいところで味わうのはあじけないものだ。レストランの「格」と、ホテルの「格」に乖離があることが問題なのである。

ファルケンブルグ

プリンセス・ユリアナ

ミシュランの評価★★（一九九七年）

私の評価　星なし

マーストリヒト近郊のファルケンブルグにあるホテルのレストラン。料理に光るものなく、慇懃無礼なギャルソンにはただ苦笑するのみ。二〇〇二年には★に降格されている。

マーストリヒト

シャトー・ネアカン

ミシュランの評価★

私の評価★★

シャトー（城）という名のとおり、古城を改装したレストランである。テラスで食前酒を飲んだ後、室内のテーブルに案内される。料理はオマール海老や子羊などオーソドックスながらも、さっぱりとした味わいがある。地下には自然の洞窟を利用したワインセラーがある。マーストリヒトで欧州議会が行なわれたとき、ヨーロッパ各国首脳の晩餐会にこのレストランが使用された。ワインセラーの壁には、そのときの各国首脳（イギリス・メージャー首相など）の記念のサインがある。テラスからの眺望もたいへんよく、豊かな田園風景が楽しめる。オランダ・ベルギー国境にあるため、景色の半分はオランダ、半分はベルギーの景色である。

トイン・ヘルメセン

ミシュランの評価★

私の評価★

マーストリヒトの旧市街にある、お洒落なレストラン。マーストリヒトにありながら都会的な雰囲気。ミシュラン一つ星は妥当なところだと思う。

ベルギーの星付きレストラン

ハッセルト近郊

スコルテスホフ

ミシュランの評価★★

私の評価★

ベルギーの首都ブルッセルから八十キロメートル東にあるステフォールトという村にある一軒家のレストラン。ベルギーらしい田園風景の中にある大きな農家といった佇まいである。店名は「代官の庭」という意味だが、生垣を備えた庭には菜園等も付属している。店内のインテリアは外見と相反してモダンで開放的な雰囲気。オープン・キッチンであるのも変わっている。美味しい料理。

キャステル・セント・パウル

ミシュランの評価（2002年）★

私の評価★

ベルギーの田園地帯、ルーメンという村にあるレストラン。城館のような建物（おそらく昔は貴族の館だったのであろう）にシンメトリックな庭園が付属している。庭園を望むテラスからはライトアップされた噴水が見え、雰囲気よくアペリティフを楽しむことができる。スタッフの応対もよく、料理も良かった。

私が訪れた当時（１９９６年）、このレストランはミシュランで「星なし」の評価だったが、個人的にはなぜこのように実力のあるレストランが星をもらえないのだろうかと思っていた。今回、調べてみたらミシュランの２００２年度版ではこのレストランは★の評価を受けていた。また訪れてみたい居心地のいいレストランである。

付録2「私の訪れた全ヨーロッパひとことコメント」

★★★　是非また行きたい
★★　機会があればまた行きたい
★　一度で充分堪能できた

フランス

パリ（首都）　★★★パリはフランスではない。でも、パリでしか味わえないものもある。
ランス　★★★シャンパーニュ地方の中心地。寺院を始め意外と見るべきところが多く、街の雰囲気もいい。
エペルネ　★シャンパンメーカー「モエ・エ・シャンドン」の本社がある。本社には「ドン・ペリニヨン」の銅像が建っている。
シャルルビル・メジエール　★ランスの北方、アルデンヌ地方にある小都市。蛇行したミューズ川のほとりに詩人ランボーの博物館がある。
ディジョン　★★ブルゴーニュ公国の歴史を実感する。教会が多い。マスタードやワインも有名。

ボーヌ　★★ミッソーニの柄《がら》のような屋根を持つオテル・デューが印象的。
ストラスブール　★★★ドイツのようなフランスのようなアルザス地方は一度は行ったほうがいい。
ヨーロッパ橋　★ライン川にかかるヨーロッパ橋を渡るとフランス＝ドイツを往来できる。徒歩でも渡れる。
コルマール　★古い工業都市の趣きあり。ウンターリンデン美術館はわざわざ見に行くほどのものでもない。

リヨン　★★★見晴らしのいい高台にある古代ローマ遺跡。「ガリア人の坂」もいわくありげ。
ニース　★★★コート・ダジュールの青い海に圧倒。
カンヌ　★★のんびりした品の良い街。コルニッシュ・ドール（カンヌ近傍の海岸道路）は赤褐色の海岸線と紺碧の海が織り成す風景が素晴らしい。
モナコとモンテカルロ（モナコ公国）　★★★行く価値あり。訪れる前はそんなに期待していなかったので、何事も食わず嫌いは良くないと実感。
マルセイユ　★★★地中海に面した港町。ブイヤベースの本場。
アルル　★★★ローマ遺跡とビンセント・ファン・ゴッホゆかりの地。
ニーム　★★古代ローマ時代の円形闘技場が現代でも闘牛場として使用されている驚異。
ポン・デュ・ガール　★★★必見の水道橋。古代ローマ帝国の凄さがわかる。
モンペリエ　★古い大学町。大学生たちがデモをやっていた。
ボルドー　★★★印象的な旧市街の教会。広い市街地。郊外に限りなく広がるブドウ畑。

サンテミリオン　★崩れかけた家並み。本当に今でも人が住んでいるの？
サンミッシェル・ド・モンターニュ　★★★モンテーニュの生まれた城がある。ルネッサンス期のフランス貴族の生活が想像できる貴重な場所。
トゥールーズ　★★なぜか異教的雰囲気あり。エキゾチックな町。
カルカッソンヌ　★復元された中世の巨大な城塞。テーマパークのような印象。
カストル　★人のいない町。ルノートル設計の庭園は美しい。
ベルサイユ　★★こんな宮殿を造ったら、革命が起きるのも無理はない。
シャンティ　★パリ市民が週末に散策する場所。ルネッサンス様式の城。
コンピエーニュ　★ここもフランス人のための観光地。ゴシック様式の市庁舎。
アミアン　★大聖堂は見事だが、見るべきところはそれだけ。
シャルトル　★★フランスの四大寺院といえばシャルトル、アミアン、ランス、パリのノートルダム寺院のことである。シャルトル・ブルーといわれるステンドグラスは有名だが、期待するほどのものではない。
カレー　★★イギリスへのフェリーが発着する港町。英語が上手なフランス人のいるところ。

モン・サン・ミッシェル　★★修道院というよりは要塞である。

カーン　★ノルマンディー地方の激戦地。近寄りがたい雰囲気の教会。郊外に博物館あり。

オンフルール　★★ヨットの浮かぶ静かな観光地。音楽家エリック・サテイの生まれた町。人情はあまり良くないかも。

ドービル　★★お金持ちのための避暑地。競馬場も有名。

トゥルービル・シュル・メール　★★海岸沿いの道路からの眺望がよい。

サンマロ　★★ブルターニュ地方の城塞都市。海賊の本拠地だったことも。老人たちがペタンクに興じていた。

ルマン　★★二十四時間レースで有名。サーキットの一部は開放されているので自分で走行することが出来る。素晴らしい自動車博物館がある。

ドイツ

ベルリン（首都）　★★★他の都市と何かが違う不思議な雰囲気。まるで天使でも降臨しているように感じる。

ポツダム　★★サンスーシという宮殿に行くとフランスに行ったような感覚。しかし、郊外には未だに一九四五年の傷痕があった。

フランクフルト　★レーマー広場以外は特に見るべきものなし。フランクフルトソーセージもないし。

ミュンヘン　★★★ホフブロイハウスではビールを飲み過ぎないようにしよう。ドイツ博物館は必見。

デュッセルドルフ　★日本人街がある。そこではラーメンもカレーも食べることができる。

ケルン　★★★ライン川対岸から見た大聖堂は印象的。

ネアンデル渓谷　★★★人類進化の歴史をもう一回学ぶには良い。

トリーア　★★★保存状態のいいポルタ・ニグラ（黒い門）。二千年前を想像させる円形闘技場と公衆浴場。また行ってみたい。

マインツ　★大聖堂は第二次大戦後に再建されたもの。

ハノーファー　★ヘレンハウゼン公園は美しいが、それ以外はみるべきものなし。

ブレーメン　★★ドイツ中世の趣きあり。想像以上にコンパクトな市街。

ブレーマーハーフェン　★★博物館にUボートがあり、搭乗することが出来る。
ハーメルン　★ドイツなのにオランダ式の出窓を持つ建物がある。
ハンブルグ　★★哀愁のある霧の港町。複数のショッピングセンターがある。
リューベック　★★石畳の残るハンザ都市。
フライブルグ　★古い大学町。「ドイツの津和野」といわれているらしい。
ゲッティンゲン　★ここも古い大学町。学生たちは元気がよい。
チチゼー　★シュヴァルツヴァルト（黒い森）にあるチチ湖湖畔の観光地。客は少ないがのんびりと楽しそうにしている。
シュトゥットガルト　★★ダイムラーベンツとポルシェの本社がある。前者の博物館は訪れる価値あり。後者の博物館はお好きならどうぞ。
ザールブリュッケン　★フランス国境に近いビジネス都市。
アーヘン　★★ドイツ＝オランダ国境にあるが、間違いなくここはドイツである。
フランク王国の首都だったこともある。

イタリア

ローマ（首都）　★★毎回タクシーの運転手にぼられるのはなぜ？
バチカン（バチカン市国）　★教会建築のダイナミックさには圧倒。
ミラノ　★サンタ・マリア・デッレ・グラツィエ教会にはレオナルド・ダ・ヴィンチの「最後の晩餐」がある。
フィレンツェ　★★ウフィッツィ美術館など訪れる価値はあり。
ヴェローナ　★★★ローマ時代の円形闘技場が一番印象的。
パドヴァ　★サン・アントニオ教会という気位の高い教会がある。この教会はノースリーブや短パンだと中に入れてくれない。
アッシジ　★個人的には大きな聖フランチェスコ教会よりも小さなローマ遺跡（ミネルヴァ神殿跡）に心を動かされた。
ヴェニス　★★サンマルコ広場のヴェニスの商人は、本当に商売がうまかった。
ピサ　★★ピサといえば斜塔があまりにも有名だが、実は他にもドゥオモなどの見るべきところはある。ガリレオ・ガリレイはピサ大学医学部の出身。
ナポリ　★★彼らはいつ働いていているんだろう。
ポンペイ　★★★古代ローマ遺跡には一見の価値がある。

パレルモ　★人も車も一杯一杯。身の危険も感じる。
アグリジェント　★★よく保存されたギリシア神殿群。
シラクサ　★ギリシア遺跡と石切り場。アルキメデスが住んでいた町。
タオルミナ　★★イタリア本国人のための観光地。シチリアの中で一番風光明媚。エトナ山やイオニア海が良く見える。

イングランド

ロンドン（首都）　★ロンドンの中華料理って本当にうまいのかな。
カンタベリー　★小さな町だがイギリスのエッセンスが詰まっているともいえる。
ドーバー　★★そびえ立つドーバー城。ドーバーの白い崖の中にある秘密基地。
リース城　★美しい庭園。維持するのには大変な努力が必要だろう。
ソールズベリ　★ずいぶん奥深いところまで来てしまったなという印象。
ボービントン博物館　★★行ってよかった。それにしてもイギリス人の収集癖って！
ストーンヘンジ　★結局、ストーンヘンジはなんだったんだろう。

スコットランド

エディンバラ（首都）　★★重厚な石造りの町。気候は寒いが人情は暖かい。

インバネス　★観光地ではなく、生活の町。

ネス湖　★細長い湖。どうやらネッシーはいそうもないが、ハイランドらしい風景を満喫できる。

ドラムナドロヒト　★ネス湖畔にあり、いまだにネッシー観光で成り立つ村。

アーカート城　★ネス湖を借景とした廃墟。

フォート・オーガスタス　★カレドニアン運河だけ。

フォート・ウイリアム　★小さな町なのに交通渋滞あり。

グレンコー　★★風光明媚。それに加えて恐ろしい歴史。

アイルランド

ダブリン（首都）　★★石造りの市街はエディンバラより軽い印象。人情はいい。

ゴールウエイ　★★特に光るものもない。

キラーニー　★リング・オブ・ケリーの出発点として重要。
リング・オブ・ケリー（ケリー周遊路）　★★★アイルランド南西部にある百七十キロメートルにも及ぶ周遊路である。次から次へとめまぐるしく変わる絶景は、この世のものとは思えないほど素晴らしい。

スイス

ベルン（首都）　★★スイスというよりドイツのような町。路面電車に轢《ひ》かれそうになった。
ジュネーヴ　★★★レマン湖畔の散策は気持ちいい。国際連合本部からの展望もいい。旧市街は坂が多い。
ローザンヌ　★★★ここも旧市街は坂が多い。市街地が広い。住みやすそうな町。
ロール　★★★レマン湖畔の保養地。夏のバカンスを過ごしてみたい。
シヨン城　★★詩人バイロンのサインがある。ひととおり見学すると、中世の恐ろしさが理解できる。
チュン湖　★★静かな保養地。

グリンデルワルド　★★★天気がよければアルプスが一望できる。

オランダ

アムステルダム（首都）　★★★異邦人にやさしい町。何日いても飽きない。運河と路面電車。

マーストリヒト　★★★私が住んでいた町。いつかまた石畳の残る旧市街の、教会脇にある広場のカフェで休日の午後を過ごしてみたい。

デン・ハーグ　★王宮と美術館があるが、インパクトはそれほどでもない。郊外にあるマドゥローダムというミニチュアシティは楽しめる。

ハールレム　★ニューヨークのハーレムの語源になった町。印象的な教会がある。

ブレッケレン　★ニューヨークのブルックリンの語源になった町。とくに見るべきものはない。

ロッテルダム　★第二次世界大戦で、もともとの市街地はほとんど破壊されてしまった。そのため、見るべきところは少ない。

ライデン　★国立民俗博物館に、シーボルト医師が持ち帰った日本の資料が豊富にある。異国で出会う江戸時代。
キューケンホフ　★チューリップが咲き乱れる公園。花も多いが観光客も多すぎてなかなか先に進めない。
ユトレヒト　★活気のある町だが、観光地とはいえない。
アルンヘム　★第二次大戦で破壊されたので街並みは新しい。
ゴーダ　★チーズで有名。おとぎの国にあるような市庁舎と聖ヤンス教会のステンドグラス。
ナールデン　★函館の五稜郭のような城塞が残る町。スキポール空港を発つ飛行機の機上からもよく見える。
グローニンゲン　★オランダの主要都市の中では一番北にある。オランダにいながら北欧にいるようである。
ミデルブルグ　★★昔は繁栄、今は衰退。でも市庁舎や鐘楼など印象的な町。
ブレダ　★特に見どころはない。
ドンブルグ　★オランダ人のための海水浴場。日本人には寂しすぎ。
ゼーリックゼー　★★中世そのままの城塞都市。

トルン　★オランダ南部にある白い小さな町。他のオランダの町とは違う独特の雰囲気。

ファルケンブルグ　★ここにある「プリンセス・ユリアナ」は、スノッブな雰囲気のわりに料理はたいしたことはない。

グルペン　★★★街道沿いのカフェでみんな地ビールを飲んでいる。

ファールズ　★オランダ＝ドイツ国境にある小さな町。ここを通り過ぎるとドイツのアーヘンに到達する。

大堤防　★全長三十キロの真っ直ぐな堤防兼自動車道路。オランダ人はよくぞこんなものを造ったものだ。

ドリーランデンプント（三国国境）　★★オランダ、ベルギー、ドイツの国境。日本にはない国境というものを気軽に楽しめる場所。

デ・ホーヘ・フェルエ国立公園　★★★この公園の中にあるクレラー・ミュラー美術館は一見の価値がある。ゴッホなど多数あり。

ベルギー

ブリュッセル（首都）　★★小便小僧は思ったより小さい。印象的なグラン・プラスとその周囲の建物。
アントワープ　★★壮麗な大寺院。巨大な港。
ゲント　★★★ホイジンガの「中世の秋」の世界。大学生の街でもある。
ブリュージュ　★★日本人には人気があるが、実はブリュージュよりも趣のある町は、ベルギーやオランダにはたくさんある。
オーステンデ　★ベルギーの西端にあるのに名前はオーステンデ（東の端）。教会が印象的。
ルーベン　★典型的なベルギーの町。教会があって広場があって市庁舎がある。
ハッセルト　★古い町。この町の近郊のステフォールトというところにミシュラン星付きのレストラン「スコルテスホフ」がある。
トンゲレン　★ここも古い町。なにしろベルギー最古の町である。マーストリヒトにはトンゲレン通りがあり、トンゲレンにはマーストリヒト通りがある。
メヘレン　★マルクトの佇まいは美しいが、それ以外は特徴なし。
ワーテルロー　★★ヨーロッパの関が原。ここでナポレオン対ウエリントンの決戦が行なわれた。ライオンの丘に上ればベルギーの美しい田園風景が楽しめる。
リエージュ　★★★煤けた工業都市だが、なぜか親近感を覚える。治安は良くないらしい。朝市で有名。
スパ　★★まさにスパ発祥の地。ミネラルウォーターも有名。行ってみると鄙びた保養地。
ナミュール　★★交通の要所。アルデンヌ地方にしては規模の大きい町。
ディナン　★★★まさに絶景。
アン・シュール・レッス　★ベルギー人のための観光地。鍾乳洞や動物園あり。
モンス　★★モンスの教会の内部は美しい。グラン・プラス（広場）も良い。知られざる名所。
バストーニュ　★★第二次大戦の激戦地。郊外に博物館がある。
マルメディ　★大戦後に再建された家並み。とくに見るべきところはない。
トロアポン　★アルデンヌの村。ミューズ川の支流にかかる橋。
サン・ビト　★教会と小さな集落だけ。もともとはルクセンブルグ領。
オイペン　★風光明媚。老人の保養地。もともとはドイツ領。

アーロン　★★戦車や飛行機の博物館がある。
スタブロー　★★アルデンヌ地方の典型的な風景。城があって町があって山がある。
フランコルシャン　★★F1グランプリが行なわれるサーキットがある。一部が一般道として開放されているので、レーサーになったつもりで、その道路を走行することが出来るので面白い。

ルクセンブルグ

ルクセンブルグ（首都）　★★天然の要害。一見の価値はある。
クレルボー　★★いわば「小ルクセンブルグ」。ルクセンブルグ市に比べれば規模は小さいが、ここも天然の要害である。
ビルツ　★全体として別荘地のような町。
レミッヒ　★★ドイツ国境。モーゼル川に浮かぶ遊覧船。

スペイン

マドリッド（首都）　★ラテン系の大都会に共通する人と自動車の多さ。

バルセロナ　★ガウディは結局、アールヌーボーの亜型だったのではないか。
グラナダ　★エギゾチック。アルハンブラ宮殿が有名。一度は訪れたい。
マラガ　★コスタ・デル・ソルにあるヨーロッパ人のための観光地。
トレド　★教会と要塞が一緒になったようなところ。

ポルトガル

リスボン（首都）　★坂が多い。人も自動車も多い。ポルトガル人とブラジル系黒人は仲がよい。友人のありがたさがわかる。
シントラ　★宮殿と城がある。霧のため眺望は良くなかった。
ロカ岬　★欧州大陸最西端。最西端到達証明書を発行してくれる。風が強い。

ギリシア

アテネ（首都）　★ここも人と自動車が多い。アクロポリスは観光客で一杯。
ロードス島　★★トルコの沿岸にあるギリシア領の島。中世の街並みとリゾートホテル群の対照。

スウェーデン

ストックホルム（首都）　★いくつかの島々からなる都市。整然としているが、寒々としていて住みたくはない。

ウプサラ　★古い大学のある町。やはり北国だなと思わせる風景。

ガムラ・ウプサラ　★四―六世紀の王族の古墳が三つある。木造の教会もある。

オーストリア

ウィーン（首都）　★★★広大な旧オーストリア帝国の首都だったこともあり、見るべきところが多い。路面電車を活用すればどこにでも行ける。

チェコ

プラハ（首都）　★★何故かアメリカン・ポップスが街に流れている。急速に西ヨーロッパ化していく印象。

ブルノ　★★★坂が多い。聖ペテロパウロ教会の尖塔は印象的。メンデルゆかりの地。

ハンガリー

ブダペスト（首都）　★★★ペスト側からみたブダも、ブダ側から見たペストもいい。ウィーン文化の影響大。

アクインクム　★★★ブダペスト郊外にある古代ローマ遺跡。ドナウ川対岸にはゲルマン民族が対峙していたという当時のシチュエーションが生々しい。

センテンドレ　★色々な建築様式の教会がある。

ヴィシェグラード　★ドナウ川沿いにある景勝地。

エステルゴム　★ハンガリーのキリスト教の総本山。

ペーチ　★★オスマントルコの占領下でイスラム文化の影響を受けた異国情緒のある町。

おわりに

本書は、筆者がオランダの国立リンブルグ大学に医学研究のために留学した際に、毎週末に飛行機や自動車や電車を駆使して、積極的にヨーロッパ中を試行錯誤しながら旅した体験をもとに執筆したものである。

私が留学していたちょうどその頃、ヨーロッパではマーストリヒト条約が発効して三年、それ以前は各国の国境にあった検問やパスポートチェックが廃止されるという、歴史的にも画期的な条約の施行が開始されてまもない時期であった。この変化は、私が小さい頃にスイスに滞在していて、そこから他のヨーロッパ諸国に行くときは、必ず面倒な出入国審査を受けていたことを考えると隔世の感があった。

国家の要諦とは突き詰めれば経済と外交の独自性であるから、国境間の移動を自由化して、通貨を共通化するということは、最終的にはヨーロッパを一つにすることを目指しているわけである。もし、ヨーロッパの統一が武力以外の方法で達成されたということになれば、これは世界史的にみても初めてのことである。

もし、このような形でのヨーロッパ統合が長い間うまくいくならば、後世の歴史家は、世界史の教科書に「マーストリヒト条約」のことを特筆大書することになるであろう。

このマーストリヒト条約が施行され、国境の移動が自由になった時代にヨーロッパに留学することのできた私は、それこそ当時は毎週毎週ヨーロッパ各地を、あるいはさらに中東やアフリカにまで積極的に足を伸ばしたものだった。当時の私はウイークディには研究等をしながら、週末は毎回どこかに旅行に出かけているというかなりハードな生活だったが、今から考えればとても貴重な日々であった。

本書を読んでくださった方は、ヨーロッパの中心から離れたところを旅する楽しさや、国境を越えることの面白さに興味を持っていただくことができたのではないかと思う。

さて、本書「国境を越える旅　西ヨーロッパ」のあとがきを書くにあたり、私が留学のために滞在していたオランダという国について少々述べてみたい。

オランダという国は、一言でいうと「何でもあり」の国である。たとえば、オランダでは麻薬は合法である。主要な町に必ずある「コーヒーショップ（カフェではない）」に行くと麻薬を手に入れることができる。マーストリヒトの同僚に、「オランダでは麻薬は合法だってね」と聞くと、「そうだよ。うちの両親なんかいわゆるヒッピー世代だから、以前は自宅でマリファナを栽培していたよ」とこともなげに言う。実際は自宅でのマリファナ栽培は、オランダでさえも違法らしいが、少なくともコーヒーショップで麻薬を手に入れるのは合法である。

また、オランダでは売春も合法である。その方面ではアムステルダムの「飾り窓」といわれる地域が有名であるが、その地域以外でもアムステルダムの運河沿いを散策していると、建物の一階のガラス窓の脇に下着姿の女性が、これ見よがしに座って客が来るのを待っているのを見てびっくりしたことがある。周りは普通の住宅地なのだが、あくまでオランダでは売春は合法なので堂々としたものである。

さらにオランダでは、同性愛者同士の結婚も合法である。つまり男性と男性同士、あるいは女性と女性同士でも結婚ができる。

加えて、オランダでは安楽死も合法である。いくつかの基準を満たせば医師の手による安楽死を選択することも可能である。マーストリヒトの同僚医師に、

「オランダでは安楽死も合法だってね」というと、

「ああ、そうだよ。私も二、三回立ち会ったことがある。患者さんは、安楽死する前に知人に『私は安楽死します』という手紙を出し、パーティーを開くんだ。そのパーティーで患者さんは出席してくれた客一人一人にお別れの挨拶をするんだよ。自分も客も、もうお互い二度と合えないことがわかっているからね。私も招待されたことがあるけど、パーティーは割合明るい雰囲気だよ。安楽死自体はそのパーティーの当日ではなくて、後日行なわれるわけだけど」と教えてくれた。

こう書いてみると、オランダはまさに何でもありの国という印象が強い。ところが、オランダ人は自由放任主義であるわけではない。いや、むしろその逆なのである。

というのは、もし麻薬や売春を「あってはならない」というふうに規定し法律で封印してしまうと、そのような行為をする人々を法律の外におくことになってしまう。その結果、そのような行為をする人々を食い物にする人々（マフィア）が出現し、法律ではなくてマフィアが業界を支配する構図が出来てしまう。

マフィアの収入は、税務当局も捕捉することが出来ないので、巨額な脱税に繋がるのは明らかである。さらに、そのような業種についている人々は、不法就労の強制や、収入のピンハネなどの被害にあっても、もともと「違法行為」だったからという理由で、法律の庇護を受けにくくなってしまうことも充分考えられる。

オランダ人は、麻薬や売春などはこの世からまったく消えることはありえないという現状認識のもとに、それならばこれらの行為を合法化して、法律の網の中で比較的安全にやってもらおうという考え方をもっているのである。そのほうが、それら「違法」行為が生み出すマフィアの勢力拡張、巨額の脱税、未成年者の不法就労といったものを的確に規制することができる。商業活動として認めれば、麻薬売買や売春行為から消費税さえも徴収することが出来るのである。

また同性愛も、法律で認められなければオープンにはしにくい。しかし、彼ら同士の結婚を認めることによって、異性同士の結婚では当たり前に行なわれる遺産相続も、彼らの間でも明朗な形で行なうことができるようになった。

安楽死も法的保護がなければ、まさに闇から闇に葬られることになる。しかし、一定の基準を満たした患者さんの安楽死を認めることで、患者さんも堂々と安楽死宣言をすることができるし、安楽死を実行する医師も殺人罪で告発されることはなくなった。おそらく今までは本人、家族、医師間の暗黙の了解のもとで闇から闇に行なわれていたことが、誰にでも経過が明らかな形で施行することが出来るようになったのである。

もちろん、これらの措置には国際的にも国内的にも賛否両論があるわけだが、オランダ国民が臭いものに蓋をせず、感情論を廃して理性的に対応するよう努めていることだけは確かである。

いまだに何か不祥事が起こるたびに、大臣や役人が「これはあってはならないことであった」などという答弁をする日本と比較すると、オランダという国はずいぶん大人の国であるといえる。「あってはならない」が結論の国と、「事実上なくすことは不可能だから、どのような方式がいいかオープンな形で検討し、現実的に対処する」という国の間には、大人と子供ほどの違いがあると思う。

ところで、私がヨーロッパから帰国してから、早いもので五年が経った。帰国以来コツコツと書いては雑誌に寄稿していた原稿を単行本としてまとめるにあたり、私はミシュランの最新版のガイドブックや地図を取り寄せてみた。この五年間の間に当時と状況が変わって、現状にそぐわない部分がないかどうかをチェックするためである。

アマゾン・ドット・コムから取り寄せた最新版の地図を、私がヨーロッパ滞在中に使用していた一九九七年の地図と首っ引きで突きあわせてみたが、おどろくほどその両者に相違といったものは認められなかった。ミシュランのアトラスには都市地図も付属しているのだが、市街図もまったく変化がない。ヨーロッパは本当に変わらないなと改めて感じる。

地図の上ではヨーロッパは変わらないが、その反面どんどん変化しているところもある。たとえば、ヨーロッパ共同体においては共通通貨であるユーロが導入され、各国固有の通貨は存在しなくなった。さらにミシュランの最新版のガイドブックに目を通すと、以前は三つ星だった有名レストランが二つ星に格下げされているのを発見し、このような形での変化・変動もあるのだと感じた。

逆にいえば、通貨を統合したり、たとえ老舗であっても、味とサービスの落ちたレストランの評価を容赦なく格下げしたりすることによって、大きな意味での「ヨーロッパらしさ」を守っているとも考えられる。

本書の巻末付録1「私の訪れたミシュラン星付きレストラン」では、ミシュランで

「一つ星」以上の評価を受けたレストランに関して、簡単にコメントを記した。ミシュランのガイドブックには、多数のレストランが掲載されているが、「星」（評価）がついているレストランはその中のごく少数である。

そういった「星」つきのレストランをいくつか訪れてみると、ミシュランの理想とするレストランとはどういうものかということが、だんだんと理解できるようになってくる。ミシュランの評価が高いレストランほど、料理もおいしく、ギャルソンやソムリエも丁寧で居心地も良いお店であることが多く、その評価はおおむね納得できるものである。

しかしながら、ミシュランによって評価されたレストランだけが、訪れる価値のあるレストランであるわけではない。ミシュランの星こそないものの、オランダのドイツ国境近くにあるキャステール・ヴィッテムや、パリ・モンマルトルにあるボービリエ、あるいはボルドーの本当に地元の人が利用するような名もないレストランで、とても料理の味やお店の雰囲気が印象に残っているところもある。

さらに、ヨーロッパにはまだこの本には紹介しきれなかった魅力的な場所が多数存在する。それらは付録2の「私の訪れた全ヨーロッパひとことコメント」に出来るだけ反映したつもりである。不思議なもので、訪れるまではとくに明確な印象のない町でも、訪れてみるとなんだか妙に居心地の良いところもあるのである。こういう場所に出会うのも、旅行の楽しみの一つであろう。

この「国境を越える旅」シリーズは、本書「西ヨーロッパ」と姉妹篇「イギリスと中央ヨーロッパ」（近日刊行予定）の二巻に分かれている。シリーズ全体としては、ヨーロッパ各国のエピソード約二十編、および二つの付録から構成されている。本書は、オランダ、ベルギー、ルクセンブルグのベネルクス三国を始め、フランス、イタリア、スイスの旅に関して一巻にまとめ、姉妹篇「イギリスと中央ヨーロッパ」ではイギリス（イングランドとスコットランド）、アイルランド、ドイツ及び中央ヨーロッパ諸国（オーストリア、ハンガリー、チェコ）の旅に関してまとめられている。二巻全体を読むことによって、ヨーロッパの国境を越える旅の面白さがより明らかになるので、是非「イギリスと中央ヨーロッパ」の方も読んでみてほしい。きっと得るものは大きいはずである。

ところで、旅行を計画する際に、自分の行きたいところに目標を定めてそこに行くのが一般的な方法である。それならば、行きたいところがない人や、どこに行ったらいいかわからない人はどうすればいいのだろうか。それでも決して旅行をあきらめたり、異国の文化や文明に対しての興味を捨てたりしてはいけない。自分の行きたいところがわからない人は、自分の行きたいところを探すために旅に出たっていいのである。それも立派な旅行の動機になる。

そういう人は、この本をコンパス代わりに、是非自分なりのヨーロッパを探す旅に出かけてみて欲しい。その結果、あなたがそこで見たことや感じたことが「地球の歩き方」に書いてあることと違っていても、私の思ったことと違っていてもいいのである。それこそがあなた自身の本当の旅であるといえるのであるから。

それではボン・ボヤージュ（良い旅を）！

わ行

さ行

た行

な行

索引

本文に登場する主要な地名、人名、歴史的事実など

あ行

か行

Another Side of Europe

by Masahiro Uchida M.D.,Ph.D.

[Summary]

In 1996 Masahiro Uchida, a young Medical Doctor from Japan, went to live and work in the Netherlands. He stayed for one year living in Maastrict, one of the oldest cites in the Netherlands, and working in a hospital doing medical research.

He arrived in the Netherlands after the signing of the Maastrict Treaty, so was able to travel within the European Union without restriction. At weekends he used this opportunity to visit other European countries and capture a unique experience of life in Europe.

Upon his return to Japan Dr Uchida wrote this book as a way of recording his year in Europe. He talks of his life in the Netherlands and of his trips to countries such as Belgium, Luxemburg, France, Italy, and Switzerland, and points out differences in culture both within Europe and compared to Japan.

In particular, he was very impressed with the many Roman ruins that seem to exist everywhere in Europe. The vast number of ruins leads Dr Uchida to speculate that European civilization largely originates from the Roman Empire.

In two appendices he lists and comments on the Michelin starred restaurants (15) he dined at, and the European towns he visited (170).

【著者紹介】

内田正浩　Masahiro Uchida M.D., Ph.D.

1962年埼玉県生まれ。ノンフィクション作家・医師・医学博士。慶応義塾高校、慈恵医大、慶応義塾大学医学部大学院博士課程卒業(専攻:病理学)。ヨーロッパ放射線医学会(ECR)会員でもある。少年時代にスイスの寄宿舎学校に滞在、1996年から1997年までオランダ国立リンブルグ大学、マーストリヒトアカデミー病院に医学研究のために留学。オランダ在住時から執筆活動を開始し、オランダに住む日本人のための雑誌「暮らしの遊覧船」(アムステルダム)に作品を連載。帰国後も引き続き医師会雑誌に作品を連載している。慶応義塾大学病院、慈恵医大病院を経て、現在は内田医院副院長(担当:内科・放射線科)。趣味は旅行、読書(ノンフィクション)。ヨーロッパで一番気に入っているのはフランスの豊かな田園風景。好きな本は「ガリア戦記」(ジュリアス・シーザー著)。シーザーがガリア戦記を書いてくれたおかげで、二千年前のヨーロッパ人の活き活きとした姿を現代人の我々も想像することができる。私自身も、本を読んでくれた人の役に立つ作品を書きたいと常に思っている。

国境を越える旅〈西ヨーロッパ〉

2003年5月26日　第1刷発行

著　者　内田正浩
発行人　浜　正史
発行所　株式会社　元就《げんしゅう》出版社
〒171-0022 東京都豊島区南池袋4-20-9
サンロードビル2F-B
電話　03-3986-7736 FAX 03-3987-2580
振替　00120-3-31078
装　幀　純谷祥一
印刷所　東洋経済印刷株式会社

ISBN4-906631-93-2　C0026